JN013646

「おふたりさまの老後」は準備が10割

元気なうちに読んでおきたい!
68の疑問と答え

松尾拓也
行政書士／ファイナンシャル・プランナー
相続と供養に精通する終活の専門家

東洋経済新報社

はじめに

自由に生き方を選べる時代だからこそ、「おふたりさま」が増えている。だからこそ「おふたりさま」の老後対策が必要です！

◆人生は十人十色。一生結婚しない人は、男性は約3割、女性は約2割

少子高齢化が叫ばれて久しい日本。

人口減少や縮小する経済など、ネガティブな側面ばかり取り沙汰されますが、私は**多様性の時代の結果**であるとも考えています。

結婚する人、しない人、子どもをもつ人、もたない人……。

人生の選択は人それぞれであり、結婚する、子どもをもつことが当たり前の時代ではなくなっています。

ひとりでレジャーや外食を楽しんだり、独身を謳歌したりという「おひとりさま」という言葉も当たり前になりました。

50歳時の未婚率（50歳になった時点で一度も結婚をしたことがない人の割合）は、男性が28・25％、女性が17・81％で、増加傾向にあります（国立社会保障・人口問題研究所「人口統計資料集」２０２３年）。男性の約3割、女性の約2割が結婚しない人生を選んでいるわけです。

婚姻という制度に縛られず、パートナーと人生を歩む人もいるでしょう。

◆子どもをもたない「おふたりさま」には、メリットもたくさん

一方、結婚したとしても、子どもをもたない夫婦も増えています。

子どもを産み終えた夫婦の平均子ども数（結婚持続期間15～19年の夫婦の出生子ども数）を見てみると、子どもの数が0人の夫婦が7・7％と、こちらも、増加傾向にあり

ます（国立社会保障・人口問題研究所「出生動向基本調査」２０２１年）。
つまり、「おふたりさま」ですね。
お子さんのいないご夫婦を、本書では「おふたりさま」と呼ぶことにします。
そして、本書では子どもをもたないご夫婦「おふたりさま」に焦点をあてています。

「おふたりさま」には、次のようなメリットがありますよね。

おふたりさまのメリット

- 共働き世帯が多く、経済的に豊か
- 子どもの教育費がないため、貯蓄がしやすい
- ケンカの原因となりやすい「子ども」「お金」などの問題がないため、仲がいい
- 結婚しても、趣味や遊びを楽しめる

「おふたりさま」というかたちを選択した理由や背景は、ご夫婦によってそれぞれでしょう。そして、「おふたりさま」としてのご夫婦の歩みには、ご夫婦の数だけの歴史

と背景があるはずです。

◆しかし、いつか直面するのが「老後」の課題

ただし、すべてのおふたりさまに必ず取り組んでいただきたい「課題」があります。

それが、**老後の準備**です。

申し遅れました。私は北海道で終活のお手伝いをしております、松尾拓也と申します。普段はお墓屋さんと仏壇屋さんの社長を務めながら、行政書士として相続や遺言の作成やアドバイスもするという、ちょっと風変わりな仕事をしています。

お墓に仏壇に遺言に相続ですから、まさに終活全般のお手伝いを生業としているわけです。

そんな私が、常日ごろから気になっていたのが、**おふたりさまの老後の準備や終活についての情報が少ないこと**、でした。

なぜなら、多くのおふたりさまは、いずれ次のような老後の課題に直面することになるからです。

おふたりさまが直面する老後の課題

- 自分たちの財産を相続するだけなのに、相手の親兄弟が関係してくる
- 身元保証人が見つからず、入院や施設への入所すらままならない
- 認知症になってしまった相手の預貯金や投資財産を引き出せない
- 自分たちのお墓や納骨してくれる人について、どうしたらよいのかわからない

一番大きな問題は、多くのおふたりさまが、**自分たちにこうした課題があることに気づいていない点**にあります。

◆老後の準備が甘い「おふたりさま」

いわゆる「おひとりさま」の老後に関する情報は、意外とたくさんあるものです。

だからというわけではありませんが、おひとりさまのみなさんは、老後や終活に関する意識も高く、遺言やご自分のお墓など、早いうちからしっかり準備をしている人が少なくありません。

「私ひとりだから、自分でなんでもやっておかないとね」なんておっしゃるその表情からは、ご自分一人で人生を生き抜いてきたという、自信と気概が感じられます。

老後の準備に取り組むおひとりさまが多いのは、「最後まで自分一人で生きていく」という覚悟と決意の表れなのかもしれません。

対して、おふたりさまの場合は、いつも隣に伴侶がいてくれます。そうなると、**つい安心したまま年を重ねてしまう**ものですよね。

しかしながら、どんなに仲のよい夫婦でも、またそうでない夫婦でも、同時に亡くなることはまれです。人生の最期を迎えるタイミングは、夫婦であっても別々なのです。

「おふたりさま」は、いつか「おひとりさま」になる、ということです。

配偶者を亡くしたとしても、お子さんのいる夫婦であれば、子どもが年老いた親のために、なんやかやと世話を焼いてくれるかもしれません。

世話までは焼いてくれないにしても、**親の死を役所に届け出たり、相続に関する手続きをしたり、葬儀の手配をしたり、お墓に納骨したり**と、亡くなったあとの諸々の手続きくらいはしてくれるでしょう。

◆「おひとりさま」になったら、老後の世話や手続きをしてくれる人がいない

おふたりさまの場合、このようなことをしてくれる子どもがいません。

それに加えて、**意外に知られていない「子どものいない夫婦」ならではの心配ごと**もあります（これについては、本書で詳しく解説していきます）。

いつかやってくる、老後の諸問題。

解決策は、ひとつしかありません。

それは、**「自分たちで知識をつけ、準備をしておく」**こと。

本書では、おふたりさまの老後の準備、終活にあたって最低限知っておいてほしい知識と事前の備えについて、**相続と遺言、身元保証人・認知症対策、老後の暮らし、葬儀とお墓という、本当に必要なことをQ&A方式でコンパクトにまとめました。**

法律にまつわる専門的な知識も、できるだけわかりやすく書いています。

また、本書は、「おふたりさま」だけでなく、**「おひとりさま」や「子どもはいるけれど、頼りたくない（頼れない）夫婦」**にとっても、役立つ内容になっています。

子どもと不仲で疎遠になっている、子どもが遠方で暮らしているので頼れないというご夫婦も、意外に多いものです。

老後の準備、そして終活という「人生最後の宿題」と向き合うことは、あなたとあなたの周りの人たちを幸せにするためのものなのです。

そのために必要なことを、この本に詰め込んだつもりです。

ではそろそろ、本題へのページをめくりましょう。

目次

「おふたりさまの老後」は
準備が10割
元気なうちに読んでおきたい！
68の疑問と答え

第1章

第2章

おふたりさまには「遺言書」が必須です！
――相続のトラブルや紛争を避けるために

53

第3章

相続&遺言の「こんなときどうする?」を解決

――おふたりさまだからこそのトラブルもある

79

第5章

おふたりさまの老後の住まい方

——早めの準備が豊かな老後のカギになる

おふたりさまに早めの老後準備が必要な「7つの理由」

本題に入る前に、**おふたりさまになぜ老後の準備が必要なのか**について、7つの理由をあげておきます。

これらの理由は決して**おふたりさまだけの問題ではなく、子どものいる夫婦やおひとりさま（独身者）に共通するものもあります**。

ただし、おふたりさまは子どもに頼れないことから、なおさら老後の準備について考えておく必要があるのです。また、**相続などおふたりさま特有の課題**もあります。

では、ひとつずつ見ていきましょう。

1 財産の相続がスムーズにいかない可能性がある

子どものいないおふたりさまは、スムーズな相続ができない可能性が高くなります。

なぜなら、どちらかが亡くなった場合、亡くなった側の親やきょうだいなど、**相手の血縁者が相続の権利をもつ**からです。

ちなみに、子どものいる夫婦の場合は、残された配偶者と子どもとの話し合いで相続を進められます。

子どもの有無で、夫婦の相続は大きく異なるのです。

おふたりさまが自分たちの相続を自分たちだけで済むようにするためにはどうすればいいのか、探っていきたいと思います。

【↓詳しくは第1章〜第3章へ】

2 住まいの整理や、介護に関わる手続き、保険など、日常生活がままならなくなるかもしれない

年齢を重ねていくと、体力とともに、気力も衰えがちになります。

さらに、若いころと違って、判断力なども鈍くなります。

その結果、家の中にたまった不要な家財の整理など、**うまくできないことが徐々に増えていきます**。介護保険の申請や民間保険の見直しといった社会的な手続きも、難しい制度を理解しながら行わなければいけません。

こういうとき、**ちょっと子どもに連絡して手伝ってもらう……とはいかない**のが、おふたりさまの定めです。前もっていろいろな知識を蓄えておくことが必要です。

【↓詳しくは第4章、第5章へ】

3 ふたりとも認知症や要介護状態になるかもしれない

年をとって、**夫婦がともに認知症になってしまう**ことも考えられます。

認知症でなくても、**要介護状態で、体を動かすこともままならない状態**になってしまう可能性もあるのです。

夫婦の多くは同年代であるため、ともに年齢を重ねて、ともに老いていくことになります。いざというとき、**老いた配偶者には頼れない**という事態も想定しておかなければなりません。

4 認知症で資産が凍結されるかもしれない

【↓詳しくは第4章、第5章へ】

認知症になると、**銀行に預けていた預金が引き出せなくなったり、所有している不動産の売却や、契約書を求められるような大きな契約ができなくなったり**します。

つまり、自分の資産なのに自由に使うことができない、実質的には資産が凍結された状態になることを意味します。

この資産の凍結は、**子どものあるなしにかかわらず、認知症になることで降りかかってくるリスク**です。

この認知症による資産凍結については、対応策がないわけではありません。

でも、認知症になってからでは遅いのです。おふたりさまであるかどうかにかかわらず、早めの老後の準備で備えておく必要があります。

5 施設入所や入院時の「身元保証」を頼める人がいない

【↓詳しくは第4章へ】

あまり知られていないのが、高齢者の「身元保証問題」です。

高齢者施設への入所や、病院への入院の際には、**身元保証をしてくれる人**が求められます。

高齢者は加齢によるリスクが高いため、高齢者施設や病院側としても、いざというときの**治療方針への同意**や、万が一のときに残された**未精算の経費の支払い**などについて、誰が行ってくれるかをはっきりと決めておいてほしいのです。

こういった身元保証は子どもに依頼するのがほとんどですが、おふたりさまにとっては、なかなか頭の痛い問題です。

この点についても、事前の備えをしておく必要がありそうです。

【↓詳しくは第4章へ】

6 死後の葬儀や手続きを誰にお願いするかを生前に決める必要がある

自分たちしか頼れないおふたりさまにとって、**配偶者や自分の死後についてのあれこれ**も不安の種です。

葬儀はどうなるのか。

死亡届から始まって、亡くなった後の手続きはどんなものがあるのか。

そのとき配偶者に頼ることはできるのか。

さらに、配偶者が先に亡くなってしまったり、病気にかかっていたりする場合は、誰にお願いすればいいのか……。

考えれば考えるほど心配になってきますが、これも準備をしておくことで、不安が解消されます。

【↓詳しくは第4章、第6章へ】

7 お墓や仏壇を引き継ぐ人がいない

お互いの実家に、お墓やお仏壇があるというおふたりさまも多いでしょう。

若いころは気にも留めていなかったけど、**あのお墓やお仏壇は、この後どうしたらいいんだろう**……と思っている人も多いのではないでしょうか。

そうなると、**自分たちのお墓問題**もだんだん気になってくるものです。

おふたりさまは、お墓の跡継ぎがいないことを踏まえて、自分たちが入るお墓についても考えておかなければいけません。

【↓詳しくは第6章へ】

こうしたおふたりさまの老後の課題について、解決方法は存在します。

でも、それを実現させるためには、自分たちで学び、対応策を考え、事前に対処しておく必要があります。

本書ではそのために必要な知識を、私自身がよく相談を受ける「68の疑問と答え」にまとめました。

では、さっそく解説していきましょう。

第1章

じつは夫婦だけではすまない「相続」問題

——おふたりさま特有の「ある問題」とは?

おふたりさまが知っておきたい相続の落とし穴！

「相続の基本ルール」を知っておこう

Q01 夫の財産は妻が全部相続できますか？

A いいえ。おふたりさまの場合、夫の親族にも相続の権利があります。

いきなりお金の話でせちがらいのですが、これはぜひともおふたりさまに知っておいていただきたい問題です。

夫の財産といえば、夫名義の預貯金や不動産（自宅）、株や投資信託などの有価証券……などなど。妻が専業主婦だったとしても、これらは夫婦が共同で築き上げてきた、大切な財産です。夫亡きあとは「妻がすべて相続して、老後生活の糧にする」と考えるのが自然です。

しかし、おふたりさまの場合、**「ふたりの財産」**だったはずのものが、**相続に直面すると、急にふたりだけのものではなくなります。**

なぜなら、子どものいない夫婦に相続が起こった場合、残された配偶者だけではなく、**亡くなった故人の親やきょうだいも「法定相続人」となる**からです。

たとえば夫が亡くなった場合、妻だけでなく、夫の親やきょうだいにも相続の権利があるということです。

この答えを知って、驚かれた人もいるのではないでしょうか。

いざというときに「こんなはずじゃなかった」という事態にならないよう、おふたりさまに身につけておいてほしいのが、本章で解説する相続についての基本知識です。

Q02 法定相続人って、誰のことですか?

A **法定相続人とは、法律で定められた相続人のことで、配偶者、子どもや孫(直系卑属)、親(直系尊属)、兄弟姉妹(傍系血族)を指します。**

人が亡くなったとき、誰が相続の権利をもつのかは、優先順位も含めて法律で決まっています。これを**「法定相続人」**といいます。ちなみに、亡くなった人のことは「被相続人」と呼びます。相続をされる人という意味です。

法定相続人の基本ルールは、次のようになります。

法定相続人の基本ルール

●故人に配偶者がいる場合、**配偶者は必ず相続人**になります。

①故人に**子どもや孫（直系卑属といいます）がいる場合、配偶者と合わせて相続人となります**。配偶者がいなくて直系卑属だけがいる場合は、直系卑属のみが相続人となります。

②故人に子どもや孫がいない場合、故人の**親や祖父母（直系尊属といいます）が相続人となります。配偶者がいる場合は配偶者と直系尊属、配偶者がいない場合は直系尊属のみが相続人となります**。

③故人に直系卑属も直系尊属もいない場合、**兄弟姉妹（傍系血族といいます）が相続人となります**。①、②と同様、**配偶者がいる場合は配偶者と兄弟姉妹、配偶者がいない場合は兄弟姉妹のみ**が相続人となります。

図表1-1　法定相続人の順位

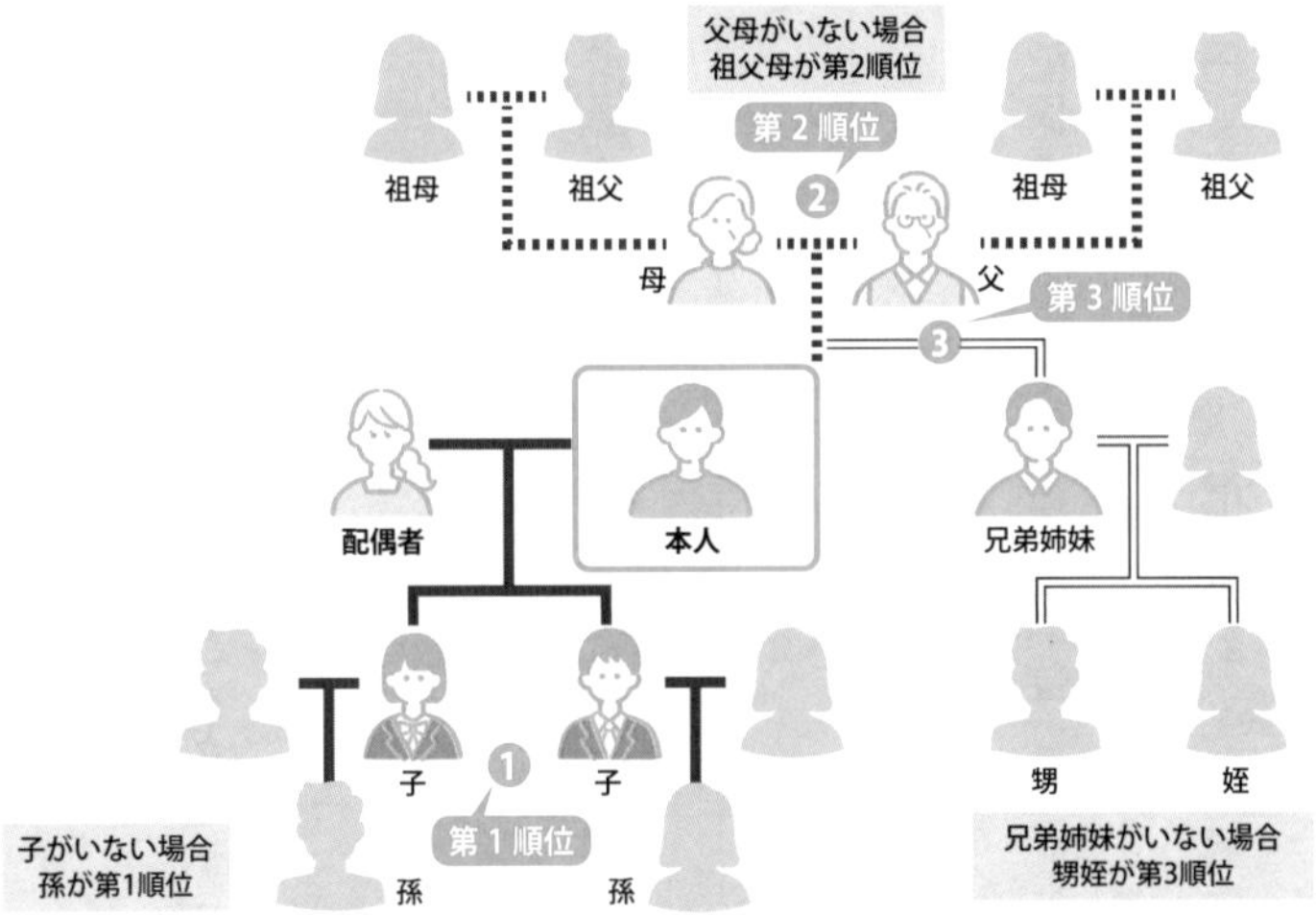

つまり、図表1-1のように、**配偶者は常に相続人、そして①の子どもや孫（直系卑属）が第1順位、②の親や祖父母（直系尊属）が第2順位、③の兄弟姉妹が第3順位**ということになります。

なお、①で子どもがすでに亡くなっていて、その子どもに子ども（孫）がいる場合は、孫が子どもの代わりに第1順位の相続人となります。③で兄弟姉妹が亡くなっている場合は、兄弟姉妹の子ども（甥姪）が同様に第3順位の相続人となります。

このことを「**代襲相続**」といいます。

Q 03

相続では、財産はどう分けられますか？

A 「法定相続分」で割合が定められていますが、相続人の話し合いで自由に決めても構いません。

法定相続人が相続する割合（取り分）も法律で決められています。これを**法定相続分**といいます。

法定相続分によれば、次のようになります。

法定相続分の基本ルール

①故人に子ども（と配偶者）がいる場合

配偶者は2分の1、第1順位の子どもが2分の1となります（例：1000万円の遺産があった場合、妻あるいは夫が500万円、子どもが2人なら250万円ずつ相続する）。配偶者がいない場合は、子どもや孫が100%相続します。

②故人に子どもや孫がなく、親（と配偶者）がいる場合

配偶者は3分の2、第2順位の親や祖父母が3分の1となります（例：1000万円の遺産があった場合、妻あるいは夫が約666万円、親が約334万円を相続する）。配偶者がいない場合は親や祖父母が100％相続します。

③故人に子どもも親もおらず、兄弟姉妹（と配偶者）がいる場合

配偶者は4分の3、第3順位の兄弟姉妹が4分の1となります（例：1000万円の遺産があった場合、妻あるいは夫が750万円、兄弟姉妹が250万円を相続する）。配偶者がいない場合は、兄弟姉妹が100％相続します。

ただし、実際に相続を行うにあたっては、法律で決められた法定相続分の通りの割合にする必要はありません。

相続人同士の話し合い（遺産分割協議といいます）によって、自分たちで割合を決めることもできます。

とはいえ、相続でもめて調停や裁判などを起こす場合、法定相続分は法的に定められた相続割合として極めて重要な意味をもちます。仮にそこまでいかなくても、相続人同士の話し合いの際に、各自がもつ相続の権利として強い意味をもつケースが多いようです。

図表1-2　法定相続分の割合

相続順位	法定相続人と法定相続分	
第１順位	配偶者 ▶ 1/2	子 ▶ 1/2 ※人数で分割
第２順位	配偶者 ▶ 2/3	親 ▶ 1/3 ※人数で分割
第３順位	配偶者 ▶ 3/4	兄弟姉妹 ▶ 1/4 ※人数で分割

◆おふたりさまの場合は、どうなる？

この相続の基本ルールをおふたりさまに当てはめると、どうなるでしょうか。

おふたりさまの夫が亡くなった場合、故人の親が存命の場合は妻と親、そうでない場合は妻と故人の兄弟姉妹が相続人になります（図表1―2）。

つまり、**夫が亡くなった場合、妻だけでなく夫の親、あるいは夫の兄弟姉妹も相続人になる**ということです。

相続が発生する際はある程度年齢を重ねていることが多いでしょうから、図表1―3のように、**兄弟姉妹が相続人となるケースが多い**でしょう。

図表1-3 おふたりさまの夫が亡くなったら……（よくあるケース）

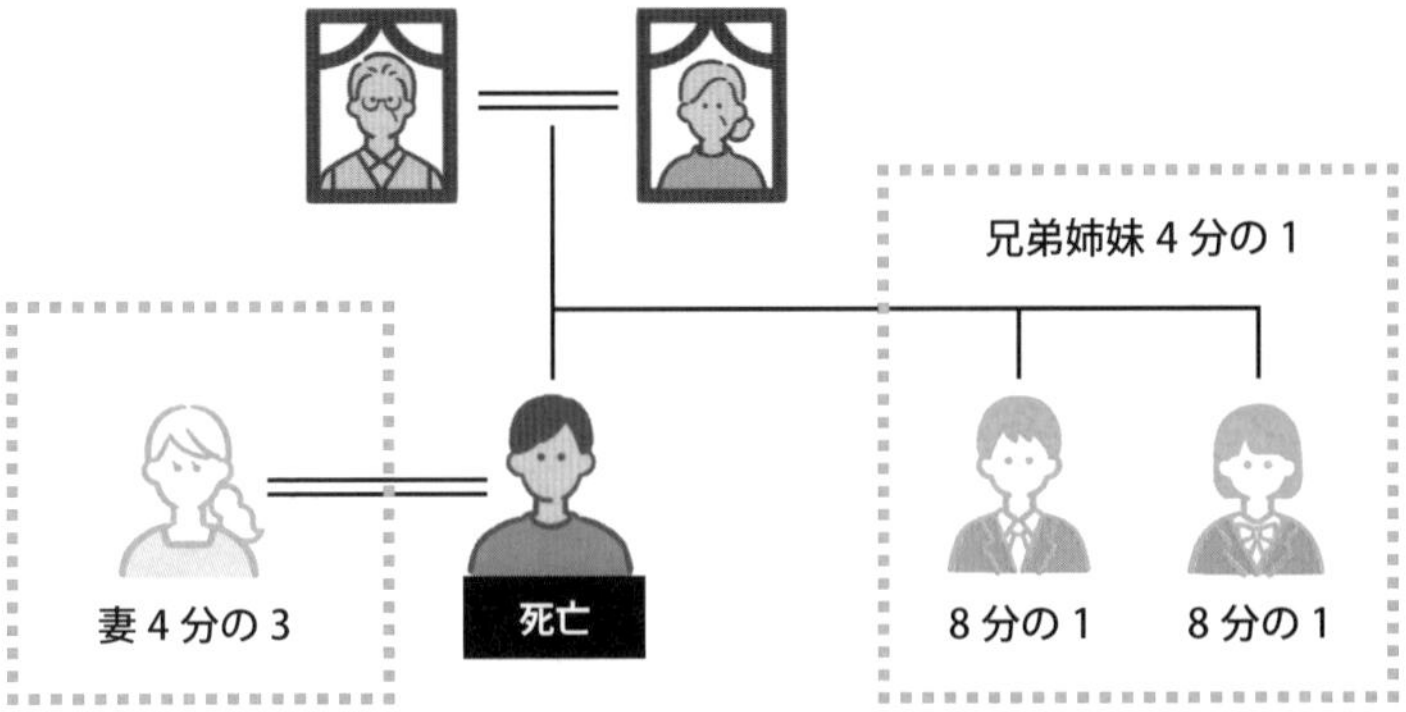

父母が存命なら父母、父母が亡くなっているなら兄弟姉妹が法定相続人となる。

この場合、**妻の法定相続分は4分の3、夫の兄弟姉妹の法定相続分は4分の1となり、兄弟姉妹が複数いる場合は4分の1を人数で均等割にします。**

このよくあるケースについての対策は、次節と第2章で紹介します。

Q 04

相続財産が2000万円あります。相続税はかかりますか?

A 相続税の対象となるのは3000万円+(法定相続人の数×600万円)からです。2000万円なら、非課税です。

相続税の計算は、それだけで本が一冊書けるくらいに複雑なのですが、まずは相続税の対象になるかどうかだけ、確認してみましょう。

相続税には基礎控除額があり、計算式は次のようになります。

相続税の基礎控除額計算式
3000万円+法定相続人の人数×600万円

遺産の額がこの基礎控除額に満たない場合、相続税の申告は不要です。

おふたりさまで、相続人が配偶者のみの場合、法定相続人は一人ですから3600万円までは相続税はかからない計算になります(**実際には、配偶者には「相続税の配偶者**

図表1−4　相続税の基礎控除額

一律 3,000万円 ＋

相続人の人数（×600万円）	基礎控除額
1人（600万円）	3,600万円
2人（1,200万円）	4,200万円
3人（1,800万円）	4,800万円
4人（2,400万円）	5,400万円
5人（3,000万円）	6,000万円

各法定相続人の取得金額	税率	控除額
1,000万円以下	10%	—
3,000万円以下	15%	50万円
5,000万円以下	20%	200万円
1億円以下	30%	700万円
2億円以下	40%	1,700万円
3億円以下	45%	2,700万円
6億円以下	50%	4,200万円
6億円超	55%	7,200万円

控除」という制度があり、1億6000万円までの相続財産や、法定相続分の相続財産には相続税は課税されません）。

相続税の申告が必要な場合のみ、各相続人が受け取った遺産の額に応じて相続税の計算を行い、税金を納付します。

92ページでも計算方法に触れますが、図表1−4を参考にしてみてください。

なお、生命保険の保険金や死亡退職金の一部など、非課税となる遺産もあります。

［コラム］

配偶者には相続税がかからない？

本文でも触れたように、配偶者の相続には「相続税の配偶者控除」という制度があります。そのため、配偶者が相続する場合は、

- **相続財産が1億6000万円以内**
- **相続財産が法定相続分**

のいずれかであれば、相続税はかかりません。

このため、配偶者が相続する場合は、相続税の心配をしなくてもよいケースが多そうです。しかし、気をつけなければならない点もあります。

じつはこの控除を受けるためには、**相続税の申告期限内に税務署に対して申告書を提出する**ことが必要です。配偶者控除を受ければ相続税が0円なので、申告手続きをしなくてもよいと考える人が多いようですが、申告しなければこの控除は受けられません。

そして、これはおふたりさまにはあまり関係がないかもしれませんが、「相続税の配偶者控除」にはもうひとつ注意点があります。

子ども世代への相続（財産移転）をスムーズに行うためには、多少の相続税が発生したとしても、配偶者への相続よりも子ども世代への相続を優先させたほうがよいケースもあるということです。

たとえば、父親が亡くなって母親がすべて相続した後に、母親が亡くなってから子ども世代への相続が発生したとします。父親が亡くなった1回目の相続では配偶者控除が使えるために相続税が0円だったとしても、母親が亡くなった2回目の相続ではかえって相続税の負担が増える場合があります。このようなケースが想定される際には、綿密なシミュレーションを行って相続内容を決定する必要があります。

なお、本書の巻末（246〜247ページ）に、**「自分の財産を把握しておきましょう」として、「財産管理ノート」を掲載しています。**こちらを参考にして、定期的に財産の棚おろしをしておくことをおすすめします。

まとめ

- おふたりさまの場合、配偶者が亡くなると配偶者の親や兄弟姉妹も相続人になる
- 誰が相続人にあたるかは、故人との血縁関係によって順位が決まっている
- 相続の割合は、法定相続分が定められているが、話し合いで自由に決めることもできる
- 相続税の基礎控除額は「3000万円＋法定相続人の人数×600万円」
- 配偶者は1億6000万円までの配偶者控除があるので、相続税の心配をしなくていいケースが多い

トラブルの種をあらかじめ知っておこう

おふたりさまの相続にはどんな問題が考えられる？

Q05

おふたりさまの相続は、どんなパターンが考えられますか？

A

配偶者以外に法定相続人がいる場合、遺産を「いらない」と言ってくれる場合もあれば、「ほしい」と言う場合もあります。

おふたりさまの夫が亡くなった場合、次のようなパターンが考えられます。

おふたりさまの相続によくある3パターン

①夫に父母や兄弟姉妹がいないので、妻がすべて相続する
②夫に兄弟姉妹（あるいは父母）がいて、「遺産はいらない」と言う
③夫に兄弟姉妹（あるいは父母）がいて、「遺産がほしい」と言う

①のように夫に父母（祖父母）や兄弟姉妹がいなければ、妻がすべて相続できます。
ただし、**兄弟姉妹が亡くなっていても、その子ども（甥・姪）がいれば、子どもが「代襲相続人」として相続の権利をもちます**。

②のように「私たちは遺産なんていらないよ」と言ってもらえるなら、妻がすべて相続することになりますが、その場合でも相続手続きには**夫の兄弟姉妹の協力が必要**です。

残された妻は、**夫の兄弟姉妹たちに印鑑証明書を用意してもらい、相続人同士の話し合い（遺産分割協議）の結果を書いた『遺産分割協議書』という書類に実印を押してもらわなければなりません**（図表1-5）。

「自分たちの財産」の相続手続きをするだけなのに、兄弟姉妹に協力をお願いしなけ

図表1-5 遺産分割協議書の例①

田中一郎……亡くなった本人
田中春子……一郎の妻
田中二郎……一郎の長弟
田中三郎……一郎の末弟

田中二郎、田中三郎ともに、一郎の妻である春子がすべて相続することに協力してくれた場合

遺産分割協議書

被相続人:田中一郎
本籍:○○県○○市○○
最終住所地:○○県○○市○○
生年月日:昭和○年5月5日
死亡年月日:令和○年2月2日

上記被相続人の死亡により開始した遺産相続につき、相続人である田中春子、田中二郎、田中三郎は、下記の通り遺産分割の協議が成立したことを証明する。

1、次の相続財産は、田中春子が相続する。
【預貯金】 東海道銀行 新○支店 普通預金 1234567 タナカイチロウ
東海道銀行 新○支店 定期預金 2345678 タナカイチロウ
ゆうちょ銀行 11940-12345678 タナカイチロウ

2、被相続人の相続手続きについて、田中春子を代表相続人(代表して金銭の授受を行う者)とし、他の相続人は代表相続人に相続手続きならびに手続きに必要な書類の作成と収集のための権限を委任する。なお、代表相続人は、相続手続きを第三者に委託することができ、この場合の費用は田中春子が負担する。

令和○年○月○日

住 所 ○○県○○市○○
氏 名 田中春子 印

住 所 ○○県○○市○○
氏 名 田中二郎 印

住 所 ○○県○○市○○
氏 名 田中三郎 印

図表1-6　遺産分割協議書の例②

山田太郎……亡くなった本人
山田花子……太郎の妻⇨法定相続分3/4
鈴木姉子……太郎の姉⇨法定相続分1/8
髙橋妹子……太郎の妹⇨法定相続分1/8

鈴木姉子は相続分の受取を辞退、髙橋妹子は法定相続分の受取を希望したので遺産総額の1/8に当たる250万円の現金を支払うことにした場合

遺産分割協議書

被相続人：山田太郎
本籍：〇〇県〇〇市〇〇
最終住所地：〇〇県〇〇市〇〇
生年月日：昭和〇年4月4日
死亡年月日：令和〇年6月6日

上記被相続人の死亡により開始した遺産相続につき、相続人である山田花子、鈴木姉子、髙橋妹子は、下記の通り遺産分割の協議が成立したことを証明する。

1、次の相続財産は、山田花子が相続する。

【土地】	所　在	〇〇県〇〇市〇〇
	地　番	84番
	地　目	宅地
	地　積	168.21㎡
【建物】	所　在	〇〇県〇〇市〇〇84番地
	家屋番号	84番
	種　類	居宅
	構　造	木造亜鉛メッキ鋼板葺2階建
	床面積	1階　56.03㎡
		2階　46.37㎡

【預貯金】　西洋銀行　〇〇支店　普通口座　1234567　ヤマダタロウ

2、山田花子は、前項に記載の遺産を取得する代償として、髙橋妹子に対して金2,500,000円を支払う。

3、被相続人の相続手続きについて、山田花子を代表相続人（代表して金銭の授受を行う者）とし、他の相続人は代表相続人に相続手続きならびに手続きに必要な書類の作成と収集のための権限を委任する。なお、代表相続人は、相続手続きを第三者に委託することができ、この場合の費用は山田花子が負担する。

令和〇年〇月〇日

住　所　〇〇県〇〇市〇〇
氏　名　山田花子　㊞

住　所　〇〇県〇〇市〇〇
氏　名　鈴木姉子　㊞

住　所　〇〇県〇〇市〇〇
氏　名　髙橋妹子　㊞

ればならないのです。

それでも、②のようにすんなりと協力してもらえればいいですが、③のパターンも考えられます。

「法律で決まっている分は、正当な権利があるのでいただきたい」とか、「申し訳ないけど、我が家もちょうど物入りな時期で」とか、「兄さんには散々迷惑かけられたから、少しはいただきたい」などと言われるケースも十分考えられるのです（図表1-6）。

Q06 遺産分割協議書にサインしてもらえない場合はどうすればいいですか？

A 相手に無視されてしまったら、家庭裁判所に調停を申し込みましょう。

遺産分割協議書には、相続人全員の署名・押印が必要です。仮に相手が納得しておらずサインがもらえないなら、全員で納得がいくまで相談して遺産分割協議書を作成することになります。

でも、相手に無視されてしまったら、相続が進まず、困ったことになります。

そんなときは、次のような手続きを踏みましょう。

①家庭裁判所に遺産分割調停を申し込む

家事審判官や調停委員の立ち会いのもと、相続人同士で話し合うことができます。

②遺産分割審判に移行する

話し合いがまとまらない場合は自動的に審判に移行し、裁判官が強制的に審判をくだします。当事者はその決定に従わなくてはなりません。

できれば調停や審判を使わずに、相続手続きを済ませたいもの。そのために、第2章で説明する「遺言書」が重要になってくるのです。

Q07 会ったこともない相続人がいるのですが、どうやって連絡をとればいいですか？

A 戸籍をたどって現住所を調べますが、専門家の力を借りてもいいでしょう。

面識のない相続人に連絡するには、どうしたらよいでしょうか。

面識がないということは、現在どこに住んでいるかもわからないケースが多いと思われます。こうした場合、まずは**現在の戸籍をたどり、戸籍の附票という書類を取得することで、現在の住所を知ることができます。**

ただ、長年音信不通だった相手から、突然相続についての連絡を受け取るというのは先方にとって複雑な感情を呼び起こす場合が多いものです。

通知の仕方や文面の検討など、細心の注意を払いながら行ったほうがよいでしょう。弁護士、司法書士、行政書士などの専門家に相談するのも一案です。

［コラム］

相続人を特定するだけでもかなり大変!?

配偶者や子ども以外の相続人がいる場合、相続人の特定に苦労することもあります。

遺産分割協議書を作成し、法務局や金融機関などで相続手続きを進めるためには、故人（被相続人）が生まれてから亡くなるまでの戸籍と、**相続人の現在の戸籍謄本の提出（親族関係を証明するため）が求められる**からです。

つまり、故人の戸籍をさかのぼり、故人の両親の戸籍をさかのぼり、両親それぞれに子どもが何人いるのかを明らかにし、場合によってはその子どもの戸籍までたどり……、ようやく相続人が特定できるというわけです。

「配偶者の親やきょうだいなんて、わざわざ調べなくてもわかるよね？」と思うかもしれませんが、遠方に住んでいたり、仲が悪くて縁を切ってしまっていたり、あるいは行方不明になっていたりというケースは、思った以上に多いものです。

相続人調査をした結果、自分たちも知らなかった異母（異父）きょうだいの存在が判明することもあります。そうなれば、会ったこともないその異母（異父）きょうだいに連絡をとり、遺産分割協議をしなければなりません。

相続人が多ければ多いほど、また本籍地を変更した回数が多ければ多いほど、相続人調査に時間がかかります。専門家に依頼すれば、お金もかかります。

私は北海道で行政書士をしていますが、道内だと戦前にご先祖さまが樺太《からふと》にお住まいだった場合があり、戸籍がそれ以上たどれなくなってしまうケースもあります。この場合は、旧樺太の戸籍を一部保管している外務省から「これ以上戸籍はたどれません」という書類を出してもらうことが多いです。

このように、相続人の特定はなかなか大変な作業なのです。

まとめ

◎おふたりさまの場合、配偶者が亡くなると兄弟姉妹などの相続人と協議しなければならない

◎場合によっては、会ったことのない相続人と連絡をとり、協議する必要がある

第2章

おふたりさまには「遺言書」が必須です！

――相続のトラブルや紛争を避けるために

じつはおふたりさまに必要な老後準備

トラブル回避のための「遺言書」

Q 08

残された配偶者にすべての財産を渡すためにはどうすればいいですか？

A

「遺言書」を書くことで、配偶者に100％財産を残すことができます（例外あり）。

第1章で解説したように、おふたりさまのどちらかが亡くなって相続が発生すると、配偶者の兄弟姉妹（父母）と、何をどう分けるかについて話し合う、遺産分割協議をしなければなりません。

「夫婦で築いてきた財産なのに、相手の兄弟と話し合わないといけないなんて……」

と思ったあなた。

その話し合いを回避する、シンプルな解決策があります。

それが、**「遺言書」**です。

おふたりさまの場合、**故人による法的に有効な遺言書があれば、遺産についての話し合いをせずに相続手続きを進めることができます。**

法的に有効な遺言書があれば、原則、遺言書に従って相続されるからです。

遺言書を作成しておくことで、遺産分割についての話し合いが不要になるだけでなく、遺産相続の手続きそのものがスムーズになるのです。

ただし、次項で紹介するように、遺言書を書いても、配偶者に100％遺産を渡せないケースもあるので、注意してください。

Q09 遺言書さえあれば、配偶者は本当にすべての遺産を受け取れますか？

A　おふたりさまの場合、兄弟姉妹には「遺留分」がないので、親亡きあとであれば、配偶者に100％財産を渡すことができます。

法的に効力のある遺言書があれば、相続人は遺言通りに遺産を受け取れる……はずですが、そういうわけにはいかないケースがあります。

それが**「遺留分侵害額の請求」**です。

遺留分とは、一定の相続人が受け取る権利を主張できる相続分のこと。もっといえば、**遺言を無視して遺産を受け取る権利**のことです。

たとえば、配偶者のように遺産が入ることを期待できる関係の人が、遺言書によって何も相続できないとなってしまったら、人生設計が大きく崩れてしまいます。

そのため、一定の関係性をもつ相続人は遺産を最低限受け取れるよう、遺留分という「最低限の取り分」が定められています。遺言書がこの遺留分を侵害していると、その分の相続財産を受け取った相続人に対して「私の遺留分を返してください」と請求することができるわけです。

遺留分は、ほとんどの場合**法定相続分の2分の1**と決められています。

たとえば故人に2人の息子がいて、「財産はすべて長男に渡す」という遺言書があったとしても、次男には遺留分があるため、法定相続分の2分の1を受け取る権利があり

図表2-1 法定相続分と遺留分

子がいる場合

ケース	相続人	法定相続分	遺留分
配偶者と子1人	配偶者	1/2	1/4
	子	1/2	1/4
配偶者と子2人	配偶者	1/2	1/4
	子	1/4ずつ	1/8ずつ
子1人	子	100%	1/2
子2人	子	1/2ずつ	1/4ずつ

子がいない場合

ケース	相続人	法定相続分	遺留分
配偶者のみ	配偶者	100%	1/2
配偶者と父母	配偶者	2/3	1/3
	父母	1/3	1/6
配偶者と兄弟姉妹	配偶者	3/4	3/8
	兄弟姉妹	1/4	なし
父母と兄弟姉妹	父母	100%	1/3
	兄弟姉妹	なし	なし
父母のみ	父母	100%	1/3
兄弟姉妹のみ	兄弟姉妹	100%	なし

注：法定相続分とは、民法で定められた各相続人の相続割合。遺留分とは、相続人が相続できる最低限の取り分

ます（父母など直系尊属だけが相続人の場合、遺留分は法定相続分の3分の1）。

◆おふたりさまの場合は、遺留分を請求される心配が（ほとんど）ない

ただし、**遺留分を受け取る権利があるのは、法定相続人のうち「配偶者」と「直系卑属（子や孫）」、「直系尊属（親や祖父母）」**です。

そのため、ある程度の年代に達したおふたりさまの相続の場合、配偶者以外の法定相続人は**「傍系血族（兄弟姉妹）」しかいない場合が多く、その場**

合は遺留分がありません（図表2−1）。

そのため、法的に有効な遺言書があれば、配偶者に100％遺産を残すことができます。

なお、おふたりさまであっても、再婚で相手や自分に子どもがいる場合は、遺留分の請求によって遺言通りの相続にならない可能性があります。

Q10 ふたりとも亡くなった場合、遺言を実行してくれる人は誰ですか？

A 遺言書に「遺言執行者」を指定しておきましょう。

遺言書が実際に活用されるのは、本人が亡くなった後のこと。すでに本人がこの世にいないだけに、遺言書に書いてあるだけでは、その内容を実現することはできません。

そこで、**遺言書には遺言の内容を実現してくれる人**を指定する仕組みがあり、その役割の人を「**遺言執行者**」と呼びます。

◆本人に代わって遺言の内容を実現してくれるのが、遺言執行者

「**遺言執行者**」は、遺言の中で指定することができます。

遺言執行者は、次の業務を行います。

遺言執行者の業務

- 遺言執行者になったことを相続人に通知する
- 遺言の内容を相続人に通知する
- 被相続人の相続財産調査を行い、相続財産目録を作成し、相続人に交付する
- 遺言書の内容を実行し、完了後相続人に報告する

遺言執行者は、不動産や預貯金、有価証券の相続や遺贈手続きといった通常の相続手続き以外に、子どもを認知する「遺言認知」や、虐待や重大な侮辱をした相続人から相続の権利を取り上げる「相続廃除」の手続きも行うことができます。

遺言認知や相続廃除は被相続人が生前に行うことも可能ですが、複雑な事情が絡むことなので、生前に行うことが難しい場合、遺言書によって自分の死後に実行することができます。

Q11 遺言執行者って、誰に頼めばいいの？

A 甥や姪などの親族、士業の専門家などが候補になります。

遺言執行者を指定しなくても遺言書を作成することはできますが、おふたりさまの場合は、自分たちが亡くなった後に遺言書の内容を実現してくれる人が誰なのか、しっかり考えて事前にお願いしておくことが大切です。

おふたりさまの遺言執行者は、**甥・姪などの下の世代の親族、もしくは専門家**を指定するのが望ましいでしょう。

配偶者を遺言執行者にした場合、認知症などで遺言執行時に適切な判断ができない可能性があります。そうなると、あちこちの窓口で手続きを行うことが難しくなってしまうのです。

身内に信頼してお願いできる人がいない場合や、確実に執行してほしい場合は、**弁護士や司法書士、行政書士などの専門家**に依頼すると安心です。

また、銀行などの金融機関に依頼することもできます。

専門家や金融機関にお願いする場合は、それぞれ定められた費用がかかります。

◆遺言執行者の指名に強制力はない

身内や友人などに遺言執行者をお願いしたとしても、遺言執行者に就任するかどうかは指定された人の自由で、強制力はありません。

一方的に遺言執行者を指定するだけではなく、**事前に遺言執行者に指名したい人に了承をもらっておくこと**が重要です。

同時に、自分が死亡したときに遺言執行者へ確実に連絡が入るよう、手配しておくことも重要です。

最近では、身寄りのない人など向けに、緊急時の連絡先などを自治体や地域の社会福祉協議会に登録しておく制度を取り入れている市町村も増えています。

一度問い合わせしてみるとよいでしょう。

Q12 法定相続分通りに相続させたい場合でも、遺言書はつくったほうがいいですか？

A 相続の結果が変わらない場合でも、遺言書があったほうがスムーズな相続ができます。

自分の死後、相続人になりそうなのが、妻と自分の兄弟（もしくは甥・姪など）のみで、「法定相続分通りに相続してもらえればいい」とイメージしている人もいるでしょう。

結論から言えば、そのような場合でも遺言書があったほうが相続はスムーズになります。

理由としては、やはり**遺産分割協議を行う必要がない**という点です。

相続の結果が変わらなくても、**遺言書がない場合は相続人の調査を行った後、すべての相続人による遺産分割協議が必要**となります。

相続人が配偶者と親や子のみで、元々どのような相続をするかについて共通のイメージをもっている場合はともかく、兄弟姉妹など、生計が独立した相続人と遺産分割協議を行う場合は、それぞれの相続人がどのような考えをもっているか、事前に把握するのが難しくなります。

遺言書がない場合は、他の相続人に対しても、誰が相続の権利をどの程度もつのかといった相続についてのルールを知ってもらい、遺産の内容などの情報を共有しつつ、最終的な遺産分割協議に導いていかなければなりません。

簡単にいえば、**「面倒くさい」「トラブルの元になりかねない」**のです。

しかし、有効な遺言書があれば、面倒なプロセスを経ることなく、スムーズな相続手続きができます。

それに、相続人として遺産分割協議に参加して相続するのと、故人の意思として残された遺言書によって相続するのとでは、相続の結果は変わらなくても、**相続人としての心のもちようが変わってくる**のではないでしょうか。

このような意味からも、**遺言書は故人からの最後の贈り物**といえるのではないかと、私は考えています。

まとめ

- おふたりさまの場合、遺言書によって配偶者に100％財産を残すことができる（可能性が高い）
- 兄弟姉妹は遺留分をもたないため、遺留分を請求されることはない
- 子どもなどに頼れないおふたりさまは、遺言の内容を実現してくれる遺言執行者について考えておく
- 法定相続分通りの相続を希望していても、スムーズな相続手続きのためには遺言書を作成したほうがいい

おふたりさまの老後を安心に導く
「遺言書」の書き方・つくり方

Q13
「法的に有効な遺言書」って、どんなものですか？

A
「自分の財産を、誰に、どれだけ残すのか」を表明するもので、法的な効力のある文書です。大きく分けて「自筆証書遺言」と「公正証書遺言」の2つがあります。

まず、よく混同されるのですが、「遺書」と「遺言書」は異なります。
いわゆる**「遺書」**というものは、死を覚悟した人が家族や友人に対して自分の気持ちなどを書き残しておくものです。
対して**「遺言書」は、「財産を、誰に、どれだけ残すのか」を、本人の意思として生**

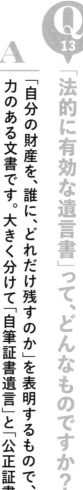

前に表明しておく法的文書です。

もちろんここで紹介するのは、法的文書である遺言書です。

遺言書といっても、メモ用紙に「私の遺産はすべて○○さんに」などと書いただけでは、法的な効力はありません。法的に有効な遺言書を作成するためには、法律で定められている一定の要件をクリアしなければなりません。

◆「自筆証書遺言」と「公正証書遺言」

遺言書には、大きく分けて「自筆証書遺言」と「公正証書遺言」の2つがあります(本当は他にも種類があるのですが、一般的ではないのであえて説明を省きます)。

簡単に説明すると、次のような違いがあります。

自筆証書遺言……日付、氏名、財産の分割内容等全文を自書し、押印して作成する
公正証書遺言……証人2名以上とともに公証人役場に出かけ、公証人に遺言内容を口述し、公証人が筆記して作成する

違いがよくわかるよう、自筆証書遺言と公正証書遺言のメリットとデメリットを見てみましょう。

自筆証書遺言のメリット・デメリット

メリット
- いつでも、どこでも、思いついたときに自分ひとりで書ける
- 費用は0円
- 書き直しや修正が簡単にできる

デメリット
- 財産目録以外は、すべて手書きしなければならない
- 自分で書き方などを調べて書くため、形式上の不備があると無効になる
- 紛失や盗難、偽造や変造などのリスクがある
- 生前に中身を見られたり、死後に見つけてもらえなかったりするリスクがある
- 亡くなった際に、家庭裁判所で検認を受ける必要がある

＊法務局の「自筆証書遺言書保管制度」を使えば検認を受ける必要はありませ

んが、法的に有効な遺言書の要件を満たすように書けているか、相続の際に問題がないかなどのチェックは行われないため注意が必要です。

公正証書遺言のメリット・デメリット

メリット

- 形式上の不備で無効となるおそれがない
- 法律のプロである公証人が関与する
- 公証役場で保管してもらえるので、紛失や盗難、偽造や変造などのリスクがない
- 家庭裁判所の検認が不要

デメリット

- 作成する際に手間と費用がかかる
- 2名の証人が必要となる

簡単に言えば、**「気軽に書ける自筆証書遺言」「法律のプロがつくる公正証書遺言」**と

図表2-2　自筆証書遺言書の例

遺言書

遺言者中村太郎は、次の通り遺言する。

第1条　遺言者は、次の財産を遺言者の妻中村花子（昭和〇年〇月〇日生、以下「妻花子」という。）に相続させる。
(1)　不動産
（土地）所　在　札幌市南北区北五条西三十丁目
地　番　6番9号
地　目　宅地
地　積　250.05㎡
（建物）所　在　札幌市南北区北五条西三十丁目6番地9号
家屋番号　6番9号
種　類　居宅
構　造　木造亜鉛メッキ鋼板葺2階建
床面積　1階　75.10㎡
2階　73.25㎡

(2)　預貯金
①北海銀行（キタキツネ支店）普通預金（口座番号 0012345）
②オホーツク銀行（ヒグマ支店）普通預金（口座番号 0098765）

(3)　その他、遺言者が生前に所有していた全ての財産

第2条　遺言者は、この遺言の遺言執行者に妻花子を指定する。

令和〇年〇月〇日
札幌市南北区北五条西三十丁目6番地9号
遺言者　中村太郎　㊞

自筆証書遺言の要件

・遺言者本人が自筆で全文を書くこと（財産目録を添付する場合は、目録のみPC等による作成可）
・作成した日付と氏名が書かれていること
・押印してあること（認印でも可）
・訂正する場合は訂正印を押し、欄外に訂正箇所を書いて（〇字削除〇字追加）署名すること

いうわけです。

Q14 「自筆証書遺言」と「公正証書遺言」、どちらがいいですか？

A ズバリ、おすすめは「公正証書遺言」です。

前項で紹介したように、自筆証書遺言と公正証書遺言にはそれぞれメリット・デメリットがありますが、結論をいえば、**おすすめは「公正証書遺言」**です。

なぜなら、**「公正証書」は極めて法的効力の強い文書だから**です。

公正証書は公証役場という機関でつくられる書類で、作成にあたっては元裁判官や元検察官、そして元法務省の職員などからなる**公証人がその内容を証明してくれます。**

公正証書には、極めて強い「証明力」や「執行力」が認められているため、スムーズにその内容を実現することができるのです。

具体的には、不動産の名義を変えたり、金融機関の口座を解約したりといった、実際の相続手続きをスムーズに進めることができます。

◆「自筆証書遺言」の不安とは？

対して、自筆証書遺言の場合は、法律の素人である本人が作成するため、前項で紹介したデメリットの他にも、次のようなリスクがあります。

●遺言の内容があいまいで、はっきりと特定できない
●遺言がつくられたとき、（認知症などの理由で）本人に遺言作成能力があったかどうかという争いが起きやすい

このような理由から、専門家としてたくさんの相続を見てきた私からも、遺言書をつくるなら、手数料という金銭的負担や公証役場に出向くという労力の負担をかけても、公正証書遺言を強くおすすめします（なお、自宅や病院など希望の場所へ、公証人に出張してもらうことも可能です）。

Q15 「公正証書遺言」って、どうすればつくれますか？

A 公証役場に相談すれば作成できますが、専門家に準備などを手伝ってもらうこともできます。

公正証書遺言を作成するステップを、簡単に紹介します。

①遺言書の原案をまとめる

まずは誰にどのような財産を相続させたいか、相続人への希望など、遺言の原案をまとめましょう。

遺言書の原案をつくるのが難しい場合は、相続に詳しい士業の専門家にアドバイスをもらうことも有効です。自分では気づきにくい注意点を教えてもらえます。

↓

②公証役場に相談の予約を入れる

公証役場に電話して、相談の予約をします。

公証役場は全国各地にありますが、どこの公証役場でも構いません。特別な事情がなければ、自宅の最寄りの公証役場を選びましょう。専門家に手伝ってもらう場合は、その専門家の事務所の近くでもいいでしょう。

↓

③必要書類や証人の準備をしておく

公正証書遺言をつくるには、証人が2名以上必要です。証人の候補者を事前に選び、作成時に証人になってくれるよう、事前にお願いしておきましょう。

ちなみに、推定される相続人、受遺者（遺言によって財産をもらう人）、これらの配偶者および直系血族、未成年者は証人にはなれません。

なお、証人は必ずしも自分で探す必要はありません。公証役場に依頼して手配してもらうことも可能ですし、専門家に相談している場合は、専門家が用意してくれるケースも多いでしょう。

本人確認書類や戸籍謄本、財産関係資料などの必要書類も準備しておきます。

↓

④公証役場で公証人と面談する

予約した日時に、必要書類をもって公証役場に出向きます。担当の公証人と遺言書の内容について検討します。専門家に手伝ってもらう場合は、専門家にも同行してもらい

図表2-3　公正証書作成手数料

目的の価額	手数料
100万円以下	5,000円
100万円を超え200万円以下	7,000円
200万円を超え500万円以下	1万1,000円
500万円を超え1,000万円以下	1万7,000円
1,000万円を超え3,000万円以下	2万3,000円
3,000万円を超え5,000万円以下	2万9,000円
5,000万円を超え1億円以下	4万3,000円
1億円を超え3億円以下	4万3,000円に超過額5,000万円までごとに1万3,000円を加算した額
3億円を超え10億円以下	9万5,000円に超過額5,000万円までごとに1万1,000円を加算した額
10億円を超える場合	24万9,000円に超過額5,000万円までごとに8,000円を加算した額

注：手数料は相続人ごとに計算し、合算する。財産の総額が1億円未満の場合は、別途1万1,000円が加算される

ます。

←

⑤公証人と遺言書の文案を検討

後日、遺言書の文案について連絡があります。修正点があればやりとりし、文案がまとまったら作成の日時を決めます。

←

⑥公正証書遺言を作成する

期日に証人と一緒に公証役場に出向き、公証人が遺言書を作成します。作成された遺言公正証書の原本は、作成した公証役場で保管されます。

このような流れで、公正証書遺

言は作成できます。作成には手数料がかかるので、あらかじめ確認しておきましょう（図表2-3）。

また、費用は余分にかかりますが、病気などで公証役場に出向けない場合は、公証人に出張してもらい、自宅や指定の場所で公正証書をつくることもできます。

なお、私たちのような士業の専門家がサポートする場合は、依頼者の要望を聞きつつ、本人たちが気づかないような潜在的なリスクにも配慮して、遺言の原案を公証人と相談しながら準備します。

専門家に依頼する場合、依頼者がやることは①専門家によるヒアリング、②必要資料の準備、③作成当日に公証役場へ出向いて署名のみで、遺言が作成できると思います。

Q16 遺言書には、何を書けばいいんですか？

A 遺言に書くことができるのは、原則、自分が亡くなった後の財産に関することですが、付言事項として思いを伝えることもできます。

遺言書に書くべきことは法律で定められていて、これを**遺言事項**と言います。

この遺言事項には、

①財産に関すること
②身分に関すること
③遺言の執行などに関すること

の3つがあります。

簡単にいえば、遺言書に書くべきことは**「自分の財産を誰に残すか」「遺言の内容を実行してくれるのは誰か」**ということです。ちなみに、②身分に関することは、子どもの認知（内縁関係などの場合）や未成年後見人の指定、また、自分に対して虐待などの非行を行った相続人から相続の権利を取り上げる「相続廃除」です。

これ以外のことについて遺言で書いても、法的な効力はありません。

ただ、多くの人は、遺言についての思いや背景、残された人たちへのメッセージを書き残しておきたいと考えるものです。

その場合は、どうしたらいいのでしょうか。

◆思いを伝える付言事項

遺言の文面は読む人によって解釈が違わないように、わかりやすく簡潔であることが求められます。

しかし、「○○にはお世話になったから、財産を多く残したい」「△△にはアパートを残すから、その代わりに□□には現金を残したい」というように、遺言を書くに至った背景があることがほとんどです。

そういった場合、遺言の**「付言事項」**を利用して、自分の思いを伝えることができます。付言事項には法的な効力こそありませんが、故人からのメッセージとして、残された家族や関係者への思いを記すことができます。

不平等に見える遺産の配分であっても、「こんな思いがあったから、こういう内容の遺言をつくったんだね」と故人の気持ちが伝わりやすくなります。

もちろん、「○○に感謝の気持ちを伝えたい」と、家族やお世話になった方々への感謝の言葉を書いても構いません。周りの人への感謝を記すことで、円滑な相続につながるのではないかと思います。

ちなみに、著者が遺言書のご相談をお受けした際には、この付言事項にご本人の思いが感じられるよう、意識してお手伝いさせていただいております。

まとめ

◎遺言書は「自筆証書遺言」と「公正証書遺言」の2つに大きく分かれる

◎おすすめなのは確実に遺言が執行される「公正証書遺言」

◎遺言書に書くべきことは、主に「自分の財産を誰に残すか」「遺言の内容を実行してくれるのは誰か」の2点

◎遺言の「付言事項」を利用すれば、相続人への感謝の気持ちなどを伝えられる

第3章

相続&遺言の「こんなときどうする?」を解決

——おふたりさまだからこそのトラブルもある

遺産は信頼できる人に託そう

亡くなったあとの財産管理ができる「家族信託」

Q17

自分が亡くなり、妻も亡くなった後、自分の甥に残したい財産があるのですが……。

A

財産を引き継ぐ順番まで指定したいのであれば、「信託」という方法があります。

第2章で見てきたような一般的な遺言では、「自分が亡くなった後、財産を誰に渡すか」ということしかできませんでした。

しかしこの質問のように、**自分の財産を相続した人が亡くなったあと、その次に財産を引き継いでもらいたい人を指定したいという場合**もあるでしょう。

◆先祖代々の資産家のケースはどうする?

たとえば、妻とおふたりさまだった先祖代々の地主さんの場合。

自分の死後、いったん財産はすべて妻に相続させ、**いずれ妻も亡くなったときは、妻の親族ではなく、自分の親族に相続させたい**というケース(図表3-1)を見てみましょう。

この場合、遺言がないとご自身が亡くなった際には兄弟姉妹にも4分の1の法定相続分があることは、すでに触れました。

では、次に妻が亡くなったときのことを考えてみましょう。

この場合、**妻の相続人は、妻の兄弟姉妹、甥・姪など、妻と血縁関係にある人**になります。

つまり、遺言を残していないと、

①自分が亡くなったときには、妻が相続で苦労する
②妻が亡くなると、先祖代々の土地が妻の身内に渡る

図表3−1　いったん妻に渡った自分の財産を、自分の親族へ渡したい

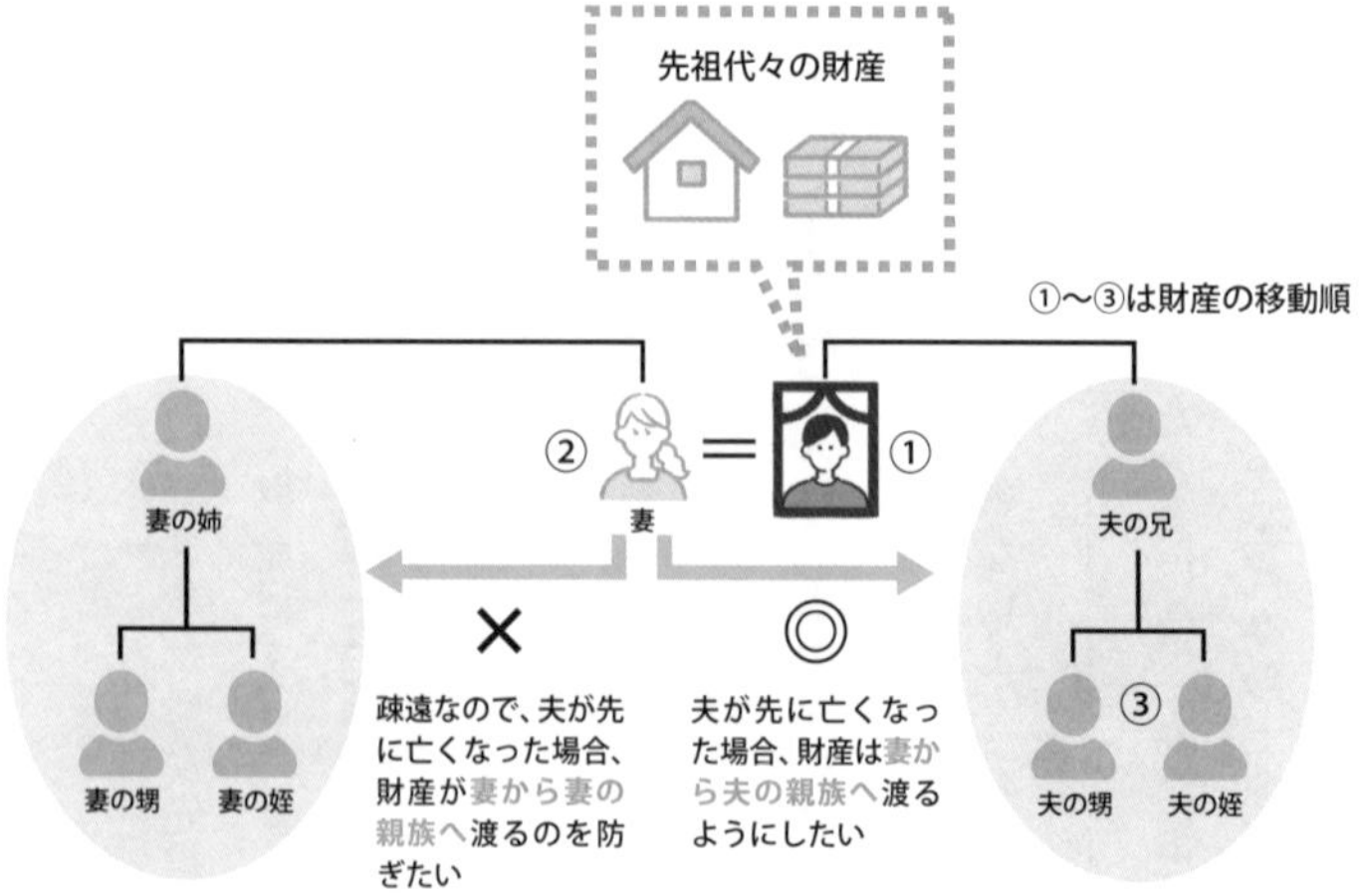

ということになります。

一般的な遺言では、自分が亡くなった後の財産の配分しか決められないので、

●苦楽をともにした妻に財産をすべて残す

あるいは、

●土地や不動産など先祖代々の財産は自分の家系に、自分たちの代でつくり上げた財産は妻に残す

といったパターンになります。しかし、これでは、自分が亡くなった後は妻にすべての財産を渡し、妻が亡くなったらその後は自分の家系に渡すという、当初の望み通りではありません。

◆解決策は「家族信託」

そこでまず考えられるのは、次の方法です。

●自分が「妻に全財産を残す」という遺言を書いたうえで、妻に「夫の身内に全財産を残す」という遺言を書かせる

しかし、亡くなる順番は誰にもわかりませんし、遺言の内容はあくまでも本人の自由意思に基づくものです。妻が夫と同じ考えとは限りませんし、妻の遺言書の内容に、夫は口出しできません。

こういった場合に活用できるのが、次項で詳しく説明する**「家族信託」**という制度です。

Q18 「家族信託」とはどういう制度ですか?

A　財産を信頼できる家族(親族)に託し、管理をしてもらう仕組みです。

通常、自分の財産は**「管理する」権利と「利用する」権利の両方を自分で行使します**

図表3-2　家族信託の仕組み

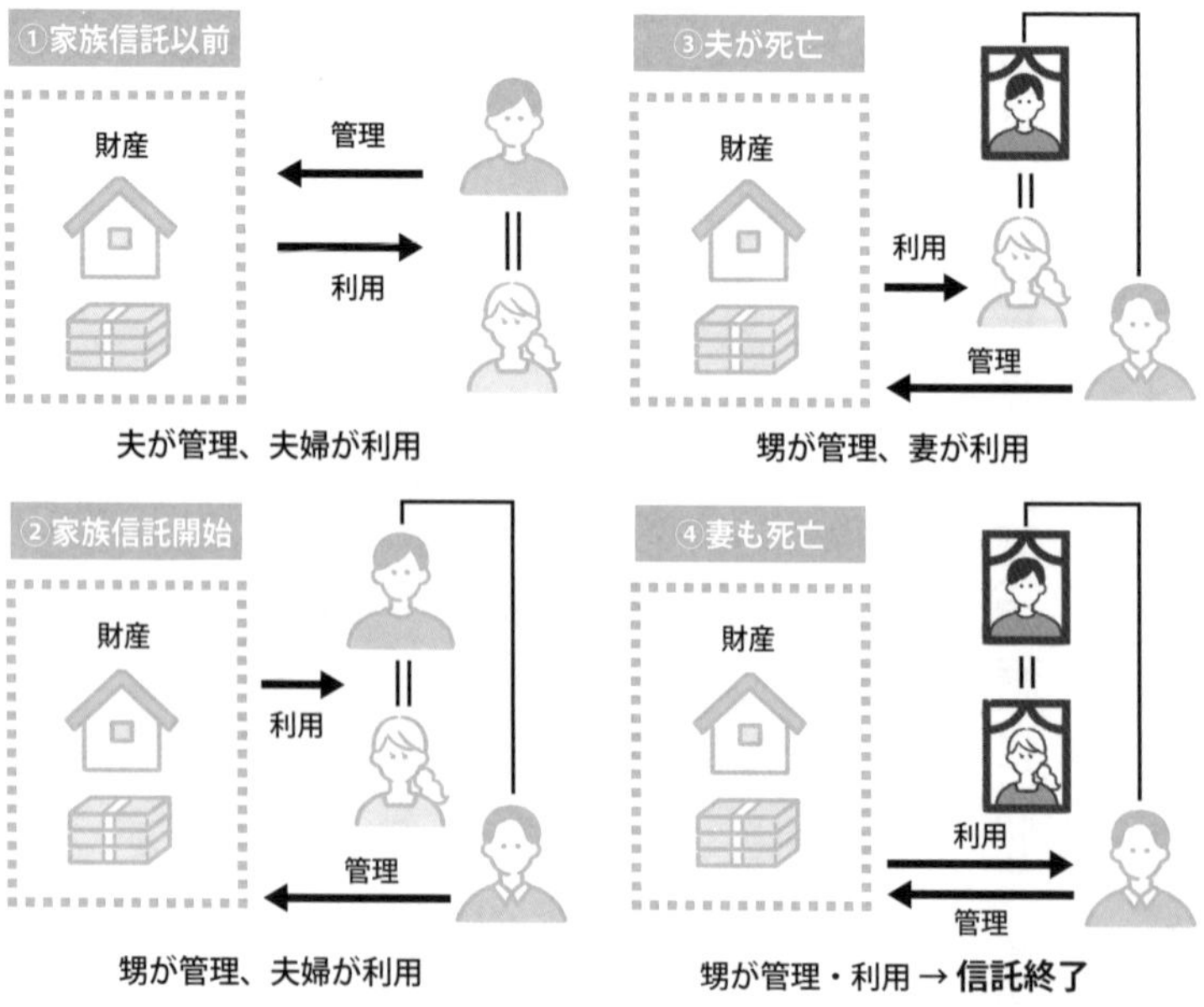

が、家族信託では**「管理する」権利だけを他の人にお願いします。**

図表3-2を見てください。

おふたりさまの場合、何もしなければ財産を管理するのも利用するのも、ご夫婦で完結します。

そこで、家族信託を開始し、**夫側の甥に「管理」を託します。**

そうすると、自分（夫）亡き後、**妻は財産を使う権利はそのまま、甥は財産を使う権利はありませんが、財産を管理する権利をもちます。**妻が亡くなると信託は終了し、財産は甥のものになります。

このように、**管理する人と利用する人を分けることができるのが「家族信託」**です。図の③の状況では、基本的に財産管理については甥の判断で行えますが、受益者である妻の意向に沿った形での管理が求められます。

たとえば残された妻が認知症になり施設に入所した場合、管理権のある夫の甥が施設などへの支払い業務を行います（この場合の報酬は、無報酬でも有償でもかまいません）。

◆「家族信託」は信託の一種

家族信託は信託の一種です。

信託とは、自分の財産を信頼できる誰かに託して、自分が決めた目的に沿って管理・運用してもらう仕組みのことですが、業として信託を行えるのは免許を受けた銀行などでなければならないと信託業法に定められています。

ただし、家族や親族が信託を行う場合は業として行うわけではないため、こうした信託の組み方を「家族信託」または「民事信託」と呼んでいます。

家族信託は**認知症になってしまった場合の財産管理**にも有効です（詳しくは第4章で解説します）。

◆「家族信託」をはじめるには、公正証書で契約を結ぶ

家族信託は当事者が合意のうえで行う契約の一種なので、当然受託者側の了承も必要ですし、公正証書にする際には一緒に公証役場に行くことになります。

家族信託の契約は必ずしも公正証書でなくてもいいのですが、実務上、不動産登記や金融機関で信託用の口座を開設する際には公正証書を求められるので、現実的には公証役場にて公正証書をつくることになります。

作成や手続きにあたっては、法律の知識などが必要になるため、専門家（司法書士、行政書士、弁護士など）に相談・依頼するとよいでしょう。

◆数代後の遺産相続まで管理できる家族信託

信託という仕組みが優れている点のひとつは、「財産を利用する権利をもつ人」と「財

産を管理する人」を、それぞれ別に引き継いでいけることです。

おふたりさまとは少し話題が逸れますが、たとえば子どものうち一人に障害があり、自分では適切な財産管理が難しい場合など、財産を利用する権利をもつ人を自分、自分の配偶者、障害のある子どもと指定しておき、財産を管理する人は他の子どもやその家族にしておくような使い方ができます。

このように、信託という仕組みを使うことで、将来的な財産を引き継ぐ順番まで指定していくことが可能になります。

ただし、信託の設定後30年を経過した後は、受託者の死亡により信託は終了することになっていますので、その程度の時間軸で信託の検討をするようにしましょう。

ちなみに、遺言でも信託を行うことができますが、財産を管理する人と利用する人の意識をきちんとすり合わせる必要があるので、被相続人が一方的に書き残す「遺言」ではなく、**関係者が話し合って決める「信託契約」**を使うことをおすすめします。

なお、信託による財産移転の場合でも、遺留分侵害請求(遺留分の請求)は可能ですので、実際に信託による財産管理を検討する際には、遺留分を侵害しない形にしておくことも重要です。

まとめ

- 連続した財産の受け渡しには、「信託」という方法もある
- 認知症対策にも信託が使える

法定相続人以外を希望するなら……

配偶者以外に財産を残したい場合はどうする？

Q19

血のつながりはないけれど、お世話になった人に財産を残したいのですが……。

A

相続人以外の人に遺産を残したい場合は、遺贈という方法があります。

第1章で紹介したように、相続人は血縁関係によって決まります。
そのうえで「相続人以外の人にも財産を残したい」という場合は、次の2つの方法があります。

相続人以外の人に財産を渡す方法

①生前に渡す……贈与
②死後に渡す……遺贈

◆生前に渡す「贈与」には「贈与税」がかかる

1つめは、**生前に「贈与」として渡す方法**です。

贈与は、財産をあげる側ともらう側の双方が合意して行うので、法律の考え方でいうと、契約に近い行為です。双方の口約束でも贈与は成立しますが、念のために書類を交わしておくと安心です。

なお、もらう側には、**「贈与税」という税金の支払い義務**が発生します。金額によって税率は変わりますが、110万円を超えたら税金がかかることは覚えておきましょう（図表3-3）。

図表3–3　贈与税の速算表

特例贈与（特例税率）

基礎控除後の課税価格	税率	控除額
200万円以下	10%	―
400万円以下	15%	10万円
600万円以下	20%	30万円
1,000万円以下	30%	90万円
1,500万円以下	40%	190万円
3,000万円以下	45%	265万円
4,500万円以下	50%	415万円
4,500万円超	55%	640万円

一般贈与（一般税率）

基礎控除後の課税価格	税率	控除額
200万円以下	10%	―
300万円以下	15%	10万円
400万円以下	20%	25万円
600万円以下	30%	65万円
1,000万円以下	40%	125万円
1,500万円以下	45%	175万円
3,000万円以下	50%	250万円
3,000万円超	55%	400万円

注：特例贈与とは直系尊属から18歳以上の子や孫などに贈与された財産（2022年4月1日以降、2022年3月31日以降は20歳以上）のことで、それ以外は一般贈与となる

◆「遺贈」なら、相続税の対象になる

2つめは、**死後に「遺贈」として渡す方法**です。

生前に行う「贈与」との大きな違いは、次のような点です。

遺贈の基本ルール

- 財産をあげる人の意志だけでできる（もらう人との合意は不要）
- 遺言で指定する必要がある
- 財産をあげる人が亡くなったときに効力が発生する

課税される税金は「相続税」

なお、不動産など「もらっても困る」という場合もあるので、遺贈を受けた側は拒むこともできます。

また、あげる人ともらう人が事前に双方の合意による契約をしておき、亡くなった後に財産が移動する「死因贈与」という方法もあります。こちらも相続税の対象です。

遺贈にすることで、贈与税ではなく**相続税の対象となる点**は重要なポイントです。

贈与税と相続税では、課税の対象となる金額も、かかる税率も大きく異なります（91ページの表参照）。贈与税は110万円からかかりますが、相続税がかかるのは3000万円＋αからです。これは世代間で財産を引き継ぐ相続のほうが、課税という点では優遇されているからです。

ちなみに、遺贈の場合、相続税の計算が通常の相続の1・2倍となります。

いずれにしても、相続人以外の人に財産を渡したい場合、ポイントは次の3つです。

①遺言に記すなど事前の準備をしておかないと、法律で決まった相続人以外には財産を渡せない

②遺贈や死因贈与の場合は、贈与税ではなく相続税の対象となる
③税制面を考えれば、贈与(生前)よりも遺贈(死後)がおすすめ

子どものいないおふたりさまの場合、自分の財産を残してあげたい人が相続人とは限らないでしょう。自分が亡くなったとき、自分の意思で財産をあげたい人に渡すためにも、遺言書の作成は必須です。

Q20 遺産を寄付したいときは、どうすればいいですか?

A 遺贈という形になるので、その旨を遺言書に記しておきましょう。

財産を特定の団体に寄付したいという場合も、前項で紹介した**遺贈**という形になります。遺言書を作成し、その旨を記しておきましょう。

代表的な遺贈先の団体

- 特定非営利活動法人　国境なき医師団日本
- 日本赤十字社
- 公益財団法人　日本ユニセフ協会
- 特定非営利活動法人　国連難民高等弁務官事務所
- 公益財団法人　世界自然保護基金ジャパン
- 公益財団法人　日本自然保護協会
- 公益財団法人　日本盲導犬協会
- 公益財団法人　国際緑化推進センター
- 認定ＮＰＯ法人　カタリバ
- 認定ＮＰＯ法人　児童虐待防止全国ネットワーク
- 全国の自治体
- 介護施設等
- 神社仏閣　など

「とくに財産を残したい人が思い浮かばない」という場合も、これらのような公益活動を行っている団体に遺贈をするという選択肢があります。

Q21 全財産を配偶者ではなく、甥や姪に残すことはできますか？

A その旨を遺言書に書き残すことはできますが、配偶者には「遺留分」があります。

本書では「残された配偶者が困らないよう、財産はすべて配偶者に渡したい」という前提で進めてきました。

でも、**「配偶者と不仲である」「自分の親から受け取った遺産は自分の血縁に残したい」**といった理由から**「財産を自分の甥・姪に残したい」**と考えるケースもあるかもしれません。

この場合、最初に考えるべきは、55ページで紹介した**「遺留分」**についてです。

たとえば、おふたりさまで自身に兄弟姉妹や甥・姪がいる場合、配偶者の法定相続分は4分の3です。つまり、4分の3の半分、**8分の3が配偶者の遺留分**になります。

遺留分を侵害する遺言書を残せば、相続時のトラブルの種を残すことになります。そのため、私が遺言書の作成をお手伝いするときは、この遺留分を侵害しないようなバランスを意識してアドバイスしています。つまり、**8分の5を甥・姪、8分の3を配偶者に残す旨の遺言書にする**といった形です。

もちろん、遺留分を侵害する内容の遺言書であっても、法的効力はあります。その場合、遺留分を侵害された人は相続した人に対して「遺留分を返してほしい」と請求する権利をもつことになります。

不仲である場合はともかく「自分の親から受け取った遺産は自分の血縁に残したい」というような場合は、**生前に配偶者に相談しておく**ほうが、禍根を残さずにすむのではないでしょうか。

Q22 別居しているDV夫に遺産を渡したくないのですが……。

A 配偶者である限り、基本的には相続人となりますが、方法がないこともありません。

法律上の婚姻関係にある以上、**別居していても配偶者は相続人**となります。

たとえ遺言書によって「別の人に全財産を渡す」としても、配偶者である以上、遺留分の請求もできるので、法定相続分の2分の1は受け取ることができます。

しかし、**「相続廃除」**という制度を使えば、相続する権利を剝奪することができます。

相続廃除の方法

①被相続人に対して虐待や、重大な侮辱を加えていた、その他著しい非行があったという事実を明らかにする

②被相続人の戸籍のある市町村役所に「廃除届」を提出する

①については、**家庭裁判所に申し立てて、認めてもらう**必要があります。相続廃除は財産を相続する権利を失わせる手続きであるため、非常に厳正な審査が行われます。そのため、相続廃除が認められる確率は決して高くはないのですが、DVの事実が証明できるのであれば、可能性はあるといえます。認められれば、②の「廃除届」を提出します。

②については、生前に家庭裁判所に廃除の申立てを行う「**生前廃除**」、遺言で廃除の意思を示し、死後に遺言執行者が廃除の申立てを行う「**遺言廃除**」の2つの方法があります。

確実に相続廃除をしたいなら、生前廃除のほうがよいでしょう。

◆夫婦の場合、離婚をすれば簡単だが……

血縁でつながっている親子関係とは違い、夫婦関係は婚姻が解消されればその時点で相続の権利も消滅します。

配偶者に財産を渡したくないと思うなら、**離婚によって相続人でなくしてしまうほうが、手っ取り早い**といえます。

「離婚」と「相続廃除」、どちらがいいのか、検討しましょう。

まとめ

- 相続人以外に遺産を渡したいときは「遺贈」という方法があり、相続税の対象になる（生前に渡すと贈与税の対象になる）
- 配偶者には遺留分があるため「遺産をいっさい渡さない」のは難しい
- DVなど、相続人から非行を受けた場合は相続人の権利を剥奪できる可能性がある

知らないと損する、生命保険の課税区分

「生命保険」と「相続」の関係

Q 23

「生命保険」をかけていますが、保険金は相続の対象になりますか？

A

遺産分割の視点では相続財産とみなされませんが、相続税の視点では相続税が課せられます。

ひと口に生命保険といっても、どの視点で話をするかによって、生命保険で受け取る死亡保険金が相続財産であるかどうかが違ってきます。

●「遺産分割」の視点で見ると……

遺産分割では、**死亡保険金は相続財産とはみなされません。**

通常の相続財産については残された相続人が遺産分割協議を行いますが、死亡保険金については保険契約の際に受取人を指定していることから、**受取人が自分の固有の財産として受け取る**ことができます。

つまり夫の死亡保険金の受取人が妻になっていれば、妻は保険金を100％受け取れるのです。

なお、受取人の固有の財産とみなされるため、**受取人が法定相続人でない場合や相続放棄した場合でも、死亡保険金を受け取ることができます。**

●「相続税」の視点で見ると……

相続税を計算する視点からは、死亡保険金は「**みなし相続財産**」とされ、相続税が課されます。

ただし、「生命保険非課税枠」というのがあり、**500万円×法定相続人の数までは非課税**となります。この非課税枠を超えた死亡保険金は、他の相続財産と同じように相続税の計算に含めます。

Q24 「生命保険」が相続税対策になるというのは本当ですか？

A 生命保険の特性を上手に活用することによって、相続に対する事前準備の幅が広がります。

生命保険の死亡保険金は、前項で紹介した「遺産分割や遺留分の対象にならない」「500万円×相続人の数までは相続税が非課税」といった特性があります。

そのため、次のようなメリットがあります。

相続における生命保険のメリット

①遺産を残したい人に残せる
遺産を受け取ってほしい人を受取人にして生命保険に加入することで、確実に死亡保険金が受取人に渡る（遺産分割や遺留分の対象にはならない）。

②相続税の節税になる

そのまま預貯金として保有していれば相続税の計算に含まれたであろう財産が、生命保険の活用によって、５００万円×法定相続人の人数まで非課税枠の対象となる。

これらの点から、生命保険を相続準備の一環として活用することができるわけです。

◆課税される税金の種類に注意！

ところで、生命保険には、**契約者、被保険者、受取人**という3人の登場人物がいます。それぞれの設定によって課税される税金の種類が異なるので、注意しておきましょう。

契約者：保険会社と契約し、契約内容を決めるとともに保険料を支払う人
被保険者：その人の死亡やケガ・病気などが保険の対象となる人
受取人：保険金や給付金を受け取る人

図表3－4のように、**契約者＝被保険者の場合は相続税、契約者＝受取人の場合は所**

図表3-4　死亡保険金を受け取る際の課税区分

	契約者	被保険者	保険金受取人	税金の種類（課税区分）
契約者＝被保険者の場合	夫	夫	妻または子	相続税
契約者＝受取人の場合	夫	妻	夫	所得税
すべて違う場合	夫	妻	子	贈与税

得税、契約者、被保険者、受取人がすべて違う場合は贈与税と、課税区分が変わってきます。

非課税枠の500万円が適用されるのは相続税の場合のみなので、生命保険の契約を確認しておきましょう。

ちなみに、受取人が死亡している場合は、受取人の相続人が取得します。

また、死亡保険金の受け取りを指定していない保険契約を見かけることもありますが、その場合は保険契約の規約にそって受取人が決まることになります。

これらの場合、想定外の人が受取人になってしまう場合もあるので、保険契約の確認をしておきましょう。

まとめ

- 生命保険は受取人固有の財産として死亡保険金を渡すことができる
- 500万円×法定相続人の数という非課税枠も活用できる
- 契約者、被保険者、受取人の設定を間違えると、想定外の事態となる場合もある

よくある疑問をピックアップ

遺言書の「ここが知りたかった！」を解決

Q25 おふたりさまの遺言書は何歳くらいで書いておけばいいですか？

A 考えが変わったら書き換えられるので、遺言書作成に早すぎることはありません。

遺言書の話題になると、「いま書いたって、自分の気持ちも家族の状況も変わるかもしれないから、まだいい」という人がいます。

結論をいえば、自分の身にいつ何が起こるかわからないわけですから、遺言書自体はつくっておいたほうがいいと思います。

一度遺言書を作成しても、新たな遺言書をつくることによってその内容を変えることができます。そのため、遺言書の内容に気になる点が出てきたら、その時点で書き直すことをおすすめします。この方法をおすすめする一番の理由は、**内容が重複する部分においては、新しい遺言書が優先される**という原則があるからです。

ですから、新しい遺言書をつくったからといって、古い遺言書がすべて無効となるわけではありません。**新しい遺言書と内容が重複しない部分においては、古い遺言書も有効なまま**です。

たとえば、当初の遺言書にはA不動産とB銀行の預金についてのみ書いてあったけれど、その後B銀行の口座を解約してC銀行に口座を開設したため、C銀行の預金についての遺言を追加したとします。

そうすると、C銀行については新しい遺言が有効になり、B銀行についても遺言自体は有効ですが、口座が解約されているため、実際に遺言を使う場面はありません。B銀行の口座が残っていた場合、新しい遺言でB銀行の口座についてとくに触れていなければ、B銀行については当初の遺言の内容がそのまま有効です。

◆遺言書の一部が実行できなくなったら？

これもよくある質問ですが、たとえば遺言書に「不動産を○○に相続させる」と書いてあったのに、遺言者の死亡時にその不動産がすでに売却されていた場合、その遺言は実行できません。その場合は、その不動産についての範囲のみ、遺言の撤回があったものとして扱われるため、不動産についての内容以外の遺言は有効です。

そのため、仮に**自宅の処分を将来予定していたとしても、遺言書自体は問題なくつくることができます**。

このように、**遺言についての考えが変わった場合には、その部分のみを書き直すこともできます**。その時点での考えで遺言書をつくっておき、事情や考えが変わった場合には、書き換えることで対応可能です。

Q26 おふたりさまの場合、夫が遺言書を書けば安心ですか？

A 妻が先に亡くなる可能性もあるので、お互いに遺言書を作成することをおすすめします。

私のところにいらっしゃるご夫婦の遺言相談の9割以上が、**夫側の「遺言書をつくっておきたい」というもの**です。

もちろん、妻が専業主婦だったなどの理由で、夫婦の財産の名義がすべて夫になっているというケースもあるでしょう。

しかし、実際には妻も働いていたり、親から相続したりと、自分の財産をもっているケースも多いのではないでしょうか。

このような場合でも、なぜか夫しか遺言書をつくらないケースが多いのです。理由をお聞きすると、**「自分のほうが先に死ぬから」**と、みなさん根拠のないことをおっしゃいます。

統計的にも男性より女性のほうが長く生きる可能性が高いのは事実ですが、実際に夫婦どちらが先に旅立つことになるのか、神さま以外はわかりません。

◆たすきがけのように、お互いのための遺言書をつくっておく

おふたりさまのご家庭で妻が先に亡くなった場合、遺言書がなければ、当然ですが夫のほかに妻の親兄弟も相続人となります。

妻が遺言書を残さずに先立ってしまった場合、夫は妻の親兄弟と共同で相続の手続きを行うことになります。やはりちょっと面倒ですよね。

そのような事態を避けるためにも、**遺言書の作成が最もシンプルな解決策**です。

おふたりさまの場合、**夫の財産は妻に、妻の財産は夫へというように、お互いにたすきがけのような内容の遺言書にする**とよいのではないかと思います。

Q27 遺言書の内容は、配偶者に内緒にできますか?

A できます。そもそも相続人は「利害関係者」なので、公正証書遺言の作成に立ち会えません。

◆遺言書の内容を配偶者に知らせる必要はない

自分の財産を配偶者以外の人に残したいというような場合、遺言書の内容を、パートナーに見られたくない人も多いでしょう。

じつは、**配偶者であっても、遺言書の中身を知らせる必要はありません。**

公正証書遺言の作成にあたっては、相続人になる予定の人は「利害関係人」となり、そもそも作成の現場に立ち会うことができないようになっています。もちろん自分が亡くなったあと、どんな遺言書を書いたかはわかってしまいますが……。

ドラマなどで、故人の家族が遺言書の内容を知って驚くシーンがありますが、家族(法定相続人)が遺言書の内容を知らないというのは、ある意味当たり前のことなのです。

Q 28

「妻に財産をすべて残す」という遺言書を書いたけど、妻が先に亡くなったらどうなりますか？

A

死亡した相続人への遺言の効力はなくなり、法的相続人へ遺産が渡ることになります。必要なら「予備的遺言」を追加しましょう。

遺言者より先に相続人が死亡した場合、その相続人に対する遺言部分は効力を失います。

つまり、おふたりさまの夫による「妻にすべての財産を相続させる」という内容の遺言書は、妻が先に亡くなってしまうと効力を失ってしまうわけです。

この場合、妻のあとに被相続人である夫が亡くなると、夫の親や兄弟姉妹が法定相続人となり、遺産分割協議を行って相続の手続きをすることになります。

◆相続人が先に亡くなった場合に備える「予備的遺言」

もちろん、それでよければいいのですが、「仲が悪かったきょうだいには、遺産を残したくない」という場合もあるでしょう。

そんなときに役立つのが**「予備的遺言」**です。

つまり、**遺言書に「妻が先に亡くなった場合には、○○と△△に相続させる」というような内容を追加しておく**のです。そうすれば、配偶者が先に亡くなったとしても、自分の財産を残したい相手に残すことができます。

この場合のポイントは、次の2つです。

●2人とも亡くなった後の財産の行き先をどうするかを考えておく
●夫と妻それぞれが予備的遺言を定めておく

おふたりさまの場合、「2人とも亡くなった後」について考えておくことが必要です。

たとえば、先に夫が亡くなり、遺言によって妻が夫の財産のすべてを相続し、その後、妻が亡くなったとします。

そうなると、妻の相続人は妻自身の血縁者となります。

妻が遺言を遺していた場合は、夫から相続した分も含めて、妻が指定した人が相続することになります。

それで問題がなければ構わないのですが、じつは亡き夫としては生前かわいがっていた姪にも少し財産を遺してあげたいという気持ちがあったかもしれません。もちろん、妻が自分の血縁者に財産を遺したいというように、逆のパターンもあり得ます。

予備的遺言（遺言書に書き加える）の例（姪に財産の一部を遺したい場合）

第○条　遺言者は、弟山田次郎が、遺言者の死亡以前に死亡（同時死亡を含む）した場合、同人に遺贈するとした財産を、弟次郎の長女山田夏子（平成○年○月○日生）に遺贈する。

さまざまなケースを想定しながら、お互いが納得できる遺言になるよう、予備的遺言の内容を検討していくといいでしょう。

まとめ

- 遺言書はいつでも書き換えられるので、思い立ったときに作成したほうがよい
- 夫婦であっても、相続や財産管理の視点からは独立した個人。相続対策はそれぞれ必要（おふたりさまの場合は、お互いに遺言書を作成しておくほうがいい）
- 遺言書の内容は配偶者に内緒にすることができる
- 遺産を残したい相手が先に亡くなってしまったときなどのために「予備的遺言」を追加できる

思わぬ落とし穴にはまらないために

相続の注意点を把握しておこう

Q29 自宅が亡くなった夫の名義のまま。どうしたらいいですか?

A できるだけ早く、新しい名義への変更をおすすめします。

土地や建物といった不動産には、**登記**という制度があり、法務局に問い合わせをすれば、**日本全国の土地や建物の所有者を誰でも知ることができる**ようになっています。トラブルなどを避けるためにも、登記名義人として「誰が持ち主なのか」を明示しておく必要があります。

◆相続されない不動産問題とは？

しかし、所有者が亡くなった場合、これまでは**相続人が手続きをしない限り、基本的には所有者の名義は以前のまま**でした。そのため、亡くなった故人名義の不動産が増えてしまっているのが、現在の日本の状況です。

自宅などの不動産の名義が故人のままでも、普段の生活で困ることはないというのが、その大きな要因でしょう。

また、親が残した地方の実家や山林などは、すぐに使う用途がなかったり、あまり経済的なメリットが感じられなかったりして、時間や手間をかけてまで手続きをしようという積極的な理由がないのかもしれません。

しかし、**不動産の名義をそのままにしておくと、売却して住み替えたい、あるいは施設などに入所したいと思ったときに、売却することができません。**

その場合は、改めて故人の相続人にあたる人全員と遺産分割協議を行い、必要書類を揃え、相続登記による不動産の名義変更をしなければならないのです。

故人が亡くなってから年月が経っている場合、当初の相続人が亡くなっていたりして、相続関係がどんどん複雑になってしまう……。そんなケースが後を絶ちません。

このようなことになると、名前も顔も知らないような相続人に対して、相続手続きに関する依頼をしなければならなくなります。その人数が数十人に上るケースも珍しくありません。

ですから、一刻も早く名義変更をすることをおすすめします。

［コラム］

法改正で「不動産の相続」が大きく変わる!?

相続による不動産の名義変更が行われず、「所有者不明の土地」が増えてしまった現在の日本。２０２３年4月より法律が大幅に改正され、不動産の相続に関するルールがかなり変わりました。

相続登記の行われていない不動産は、相続開始から10年経過すると、法定相続分（遺言があれば遺言通り）で分割されることになったのです。

おふたりさまの場合、配偶者の死後に相続登記を行わずに放っておくと、気がついたら自宅の4分の1が配偶者の兄弟姉妹（甥・姪）のものになっていた……ということになりかねません。

しかも、法改正は一般的に改正以前に起こった出来事には適用されないことが多いのに対し、この改正については過去に起こった相続にも適用されることになっています。

法改正が行われたばかりなので、実際の適用については今後の推移も見ていかなければなりませんが、いずれにしても相続が起こった際にはできるだけ早めに手続きを行い、その時点での所有者を明らかにしておくことが大切です。

2024年4月1日から、相続登記の義務化もスタートしました。これにより、相続登記は基本的には3年以内に行わなければなりません。ただ、遺産分割協議が整わないなど、相続登記が行えない場合もあることから、「自分が相続人である」ということを報告する相続人申告登記という簡易的な制度も創設されました。

Q30 じつは前妻との間に子どもがいるのですが、このまま黙っていてもよいでしょうか？

A　黙っていても、相続時に子どもの存在はわかってしまいます。

離婚していようと、別居していようと、自分の子どもは相続人のままです。

そして、故人の相続人を特定する場合には、亡くなった方が生まれてからお亡くなりになるまでのすべての戸籍を集めることによって行います。

前妻（前夫）との間に子どもがいる場合、戸籍に記載されているため、**相続人調査の段階で子どもの存在がわかってしまいます**。

生前に遺言書を作成しておけば、現在の妻と前妻との子との間で話し合い（遺産分割協議）をする必要はありませんが、49ページや59ページで触れたように、遺言執行者は相続人に通知をしなければならないため、遺産分割協議の有無とは別に相続人調査を行う必要があります。

そして子どもであれば遺留分をもつため、**前妻との子が遺留分侵害請求をしてきた場合には、基本的に対応せざるを得ない**でしょう。

◆認知していない子どもはどうなる？

では、戸籍に載っていない、つまり認知していない子どもの場合はどうでしょうか。

婚姻関係のない相手との間に子どもができた場合、母子関係は出産によって証明されますが、父子関係は父親が「自分の子どもである」と認知しなければ父子となりません。そのため、**実際には血縁関係にあっても、認知をしてない子どもは相続人にはなりません**。

子どもの認知は、死後に遺言によって行うことができる点は59ページや76ページでも触れたとおりです。

また、父親が認知を拒む場合は、子どもの立場から家庭裁判所に対して認知を求める調停を申し立てることができます。この申し立ては父親が亡くなっても、死後3年以内であれば可能です。

◆連れ子はどうなる?

結婚した相手に連れ子がいた場合、**連れ子と自分の間に法的な親子関係はないため、相続人にはなりません**(遺言書によって遺贈を行うことは可能です)。

ただし、**養子縁組をした場合には、実子と同様に相続人になり、遺留分を有します**。

Q31 突然、亡くなった妻の親戚から遺産相続の相談を受けました。

A そのようなケースもあり得るので、まずはしっかりと内容を確認しましょう。

ここでは、相続が複雑になってしまった具体例を見てみましょう。

図表3-5を見てください。亡くなった妻の親戚からいきなり相続の相談を受けたのは、右端の夫です。

妻の父親が亡くなり、相続人は配偶者である妻の母親、妻、そして妻より先になくなっていた妻の兄の娘（姪）でした。

この場合、姪は代襲相続によって妻の兄に代わって相続人となります。

夫は妻の父親とは血のつながりがないので、本来であれば相続人にはなりません。

しかし、妻の父親が亡くなって数日後、その長女である妻が亡くなってしまったため、妻の相続分を引き継ぐことになったのです。これを**二次相続もしくは数次相続**といいます。

図表3-5　相続が複雑になったケース

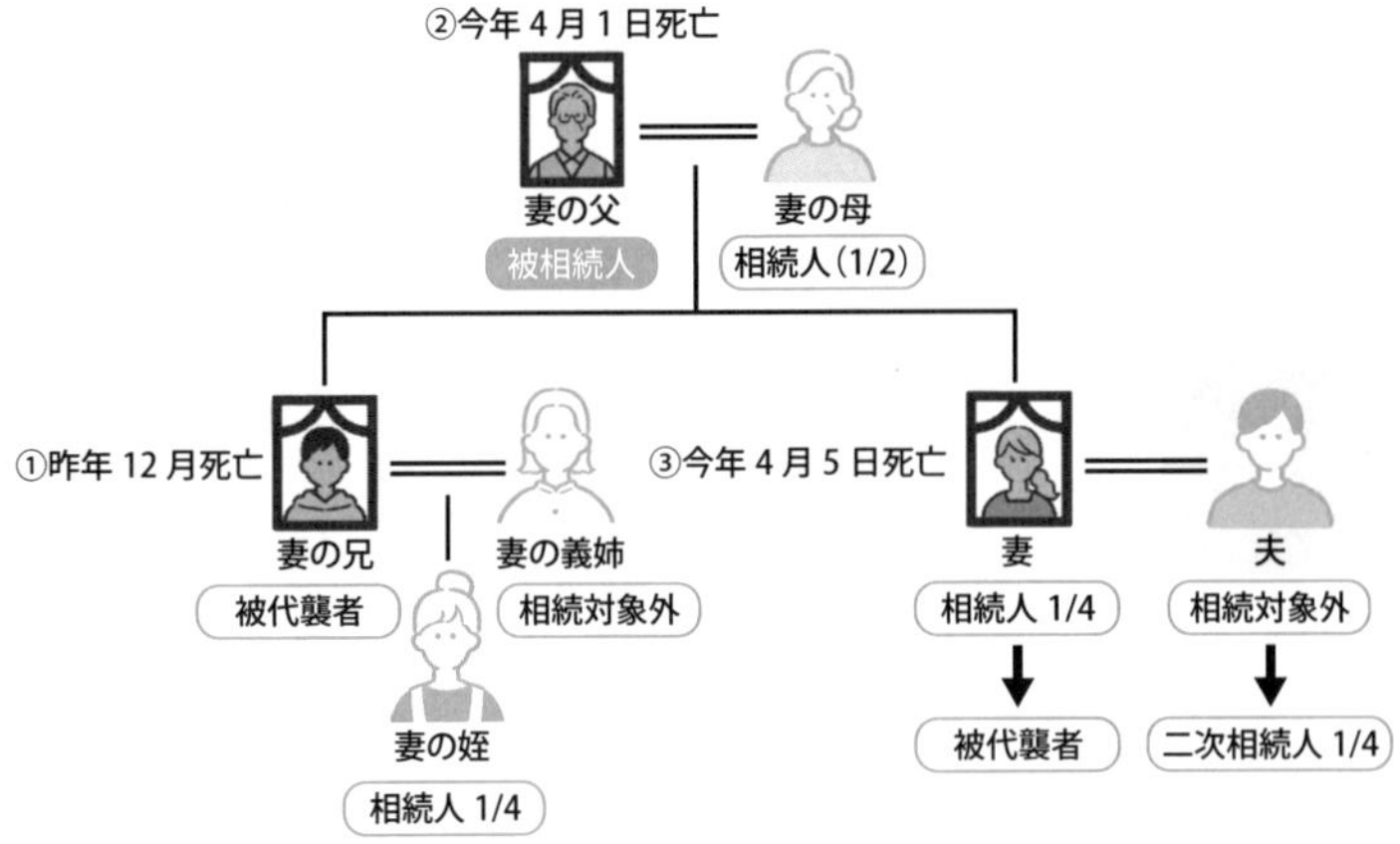

しかし、同じように被相続人の子の配偶者である妻の義姉には、相続権はありません。

妻は父親よりも後に亡くなったので、一度父親の相続人として相続分を受けた形になるのに対して、父親よりも先に亡くなっていた妻の兄の相続分は、その子どもである姪が受け継ぐ形になっているわけです。

このように、**被相続人から見て相続人が亡くなった死亡日の、前後によって、代わりの相続人が誰になるのかが変わります。**

この事例のように、直近で起こった相続であればまだわかりやすいのですが、相続発生後しばらく時間が経過している場合、代襲相続と数次相続は非常に混同しやすいので、戸籍を丁寧に読み解いていく必要があります。

自身がこのようなケースに遭遇し、相続の相談を受けた場合、**まずはしっかりとした事実確認を行いましょう**。相続権を行使するか、あるいは辞退するかは、相続人となった自分自身で決める必要があります。まずは相続財産の内容や相続関係についてしっかりと把握し、そのうえで判断するようにしましょう。

Q32 故人に借金がある場合の相続は、どうしたらいいですか？

A 事前に財産の状態を整理し、相続する人が早めの判断をできるようにしましょう。

相続財産には、**プラスのものもあれば、マイナスのものもあります**。

プラスの相続財産は、現金や預貯金、不動産、株式や投資信託などの有価証券、自動車、貴金属、絵画・骨董品など。

マイナスの相続財産は、**借金やローンなどの債務**が該当します。

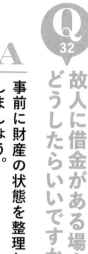

そして、財産を相続しなくてもよい手続きとして、**「相続放棄」**があります。

そもそも相続人は、**相続が起きてから3カ月以内**に、次のいずれかを選択しなければなりません。

相続の3つの方法

- すべての相続財産を相続する「単純承認」
- プラス財産の範囲内でマイナス財産も相続する「限定承認」
- プラス財産もマイナス財産もすべて放棄する「相続放棄」

◆相続のほとんどは単純承認

限定承認や相続放棄とは違い、**単純承認は特別な手続きは不要**です。

財産の処分や使用など、相続をしたと考えられる場合は単純承認したものとみなされます。また、相続の開始から3カ月経過した場合も、単純承認したとみなされます。

◆手続きが必要な限定承認と相続放棄

限定承認はプラス財産の範囲内でマイナスの財産を相続する制度ですから、デメリットはないように思えますが、厳格な手続きが必要となります。

限定承認による相続を行うには、**相続人全員が共同で、相続の開始があったことを知ったときから3カ月以内に、被相続人の住所地の家庭裁判所に申し立てます**。

誰か一人でも単純承認した場合、限定承認による相続はできません。

そのため、**被相続人の財産の状態をある程度把握したうえで、メリットとデメリットを十分検討し、各相続人が共通の認識をもって行うべき手続き**であるといえます。

相続放棄は、各相続人がそれぞれの判断で個別に行うことができます。**相続の開始があったことを知ったときから3カ月以内に、被相続人の住所地の家庭裁判所に申し立てます**。

たとえ借金があったとしても、プラス財産のほうが多い場合は相殺できるため、相続放棄するメリットはあまりありません。

◆たった3カ月しかない熟慮期間

単純承認の相続にするか、あるいは限定承認や相続放棄にするかという**判断のための期間はたったの3カ月**です。

この3カ月のことを熟慮期間と呼びますが、この間はお通夜・葬儀から死後のさまざまな手続きなどに忙殺されることがほとんどです。

その忙しい中で、故人の財産の状態を正確に把握し、プラス財産とマイナス財産の比較検討をしたうえで、限定承認や相続放棄についての的確な判断を下すというのは、かなり難しいことであると言わざるを得ません。

熟慮期間の延長という制度も設けられてはいますが、延長するには家庭裁判所に申し立てて、延長の必要性を認めてもらわねばなりません。仕事が忙しいなどの理由では認めてもらえないので、注意しましょう。

こうした事情を考えると、**生前に自分の財産を整理し、それをわかりやすく相続人に伝えておくこと**は、残された相続人にとってありがたい配慮です。

借金などの債務を残してしまいそうな場合は、せめてその状態を正確に伝えていくことが、後に残された家族や親族への心配りとなります。

まとめ

◎不動産の名義が故人のままだと、売却できないなどの不都合があるため、一刻も早く相続登記（名義変更）の手続きを！

◎過去の結婚でできた子どもを配偶者に隠していた場合、相続時には相手にバレてしまう

◎故人にプラスの財産を上回る借金がある場合、「相続放棄」か「限定承認」を選べば債務を負う必要がなくなる

第4章

配偶者が亡くなって「おひとりさま」になったら、頼れるのは誰？

――考えておきたい「身元保証人問題」

施設入所、入院などの際は誰かの保証が必要になる

いざというときに必要になる「身元保証人」

Q33

身元保証とはなんですか？

A

就職の際や、高齢者施設入所・病院入院時などに必要な「本人以外の誰か」による保証です。

身元保証人と聞くと、就職のときに必要だった記憶がある人もいるでしょう。また、お金を借りたり、ローンを組んだりするときに必要な連帯保証人を思い起こす人もいるのではないでしょうか。

何をどこまで保証するかは契約によりますが、支払いが滞ったり、損害を与えてしまったりしたときのために、**「本人以外の誰かの保証」**が必要ということです。

若くて元気なうちはイメージしにくいのですが、老後になると高齢者施設入所時や病院入院時に身元保証人が必要になります。

Q34 施設入所や入院の際の身元保証人の役割はなんですか？

A 緊急時の連絡先、支払いが滞ったときの保証、亡くなったときの費用の清算や荷物の引き取りなどです。

身元保証人の役割は、具体的には次のようなものです。

高齢者施設への入所

- 入所時および退去時の書類に署名する
- 月額の費用支払いを保証する
- 介護サービスや物品購入に対する同意を行う

●緊急時の連絡を受ける
●退去時の費用清算、原状回復と残置物（残された家財道具や衣服等）の処分を行う

病院への入院

●入院費の支払いを保証する
●緊急時の連絡を受ける
●本人の意思が確認できない場合、代わりに治療方針を決定する

また、本人が死亡した際には、身柄を引き取るとともに未払い費用の清算を行います。
このため、家族や親族以外の事業者に身元保証をお願いする場合には、

●死後の事務委任について
●いざというときの医療行為についての希望

についても、別途準備をしておくことが望ましいです。

Q35 おふたりさまの場合、お互いが身元保証人になることはできますか？

A 可能なケースもありますが、高齢になったり、亡くなったりすることを考えておきましょう。

とくに条件がなければ、夫婦がお互いの身元保証人になることもできます。

しかし施設や病院側に「身元保証人は本人と生計が異なること」などというルールがあれば、配偶者が身元保証人になることはできません。

また、夫婦そろって高齢であるため「別の方にお願いしてください」と言われてしまうケースもあります。

そして、お互いを身元保証人として施設入所したものの、配偶者が認知症になったり先立ってしまったりして、その後の身元保証人が見つからないケースも多く見られます。

これらのケースでは、次項で紹介するように、他に身元保証人を引き受けてくれる人を探す必要が出てきます。

Q 36

おふたりさまの身元保証人は誰に頼めばいいですか？

A **身元保証サービスを利用する方法もあります。**

高齢者の場合は、**自身の子どもが身元保証人になることがほとんど**です。

しかし、おふたりさまやおひとりさまには子どもがいません。子どもがなく、配偶者にも頼れない場合の身元保証人はどのような人に頼むのか、考えてみましょう。

●家族・親族

兄弟姉妹、甥・姪やいとこなどの親族に身元保証人を頼むケースです。

ただし、関係性によっては頼みにくかったり、話がうまく進まなかったり、あるいは途中で関係性がこじれてしまったりするケースも見聞きします。

●友人

身元保証をお願いする家族や親族がいない場合、友人や知人に頼むケースもあります。しかし、Q34のように、身元保証人はただ書類にサインすればいいというわけではありません。家賃などの支払いを保証し、いざというときの後始末までお願いすることになるので、他人にお願いするには気が引けるのではないでしょうか。

◆身元保証サービスを利用する

家族や親族に頼れない場合、**身元保証サービス**の利用も考えられます。サービスを提供しているのは、次のような事業者です。

身元保証サービス、死後事務サービスなどを行っている事業者の例

①民間企業
②一般社団法人やNPO法人
③弁護士や司法書士、行政書士などの士業事務所

長生きする可能性や、自分が亡くなった後のことも含めてお願いするというサービスの性質上、やはり**事業者の信頼性を重視することが大切**といえるでしょう。

また、**士業事務所の場合は、地域密着で元来遺言執行や死後事務などを取り扱っていた事務所が身元保証も行っているケース**が多く、そういった意味では安心感があるのではないかと思います。

◆大手企業も続々終活事業に乗り出す

最近では**銀行や郵便局、鉄道系や流通系の民間企業など、終活事業に力を注ぐ企業**も増えてきました。

自分に必要なサービス、費用、条件などをよく考えて、検討をはじめてみてもいいでしょう。

少子高齢化が進み、おひとりさま、おふたりさまで老後を迎える人が増えることが予想され、今後このようなサービスはますます充実していくことが考えられます。

まとめ

- 施設入所や病院への入院の際には、身元保証人が必要になる
- 施設入所や入院の際、身元保証人は緊急時の連絡先、費用の支払い保証、退去時の清算などを担う
- 身寄りがない場合、身元保証サービスを利用する手もある

高齢者のためのよろず相談所

覚えておきたい「地域包括支援センター」の存在

Q 37

介護や支援が必要になったときは、どうしたらよいですか？

A

まずは、地域包括支援センターに相談しましょう。

「介護や支援が必要になったら、誰に相談すればいいのかわからない」と感じているおふたりさまは多いのではないでしょうか。

でも、大丈夫です。まずは**「地域包括支援センター」**に相談しましょう。

地域包括支援センターは、介護・医療・保健・福祉など、高齢者にとっての総合相談窓口となる機関です。

市町村が直営で運営している場合が2割、社会福祉法人や医療法人、民間企業などが委託を受けて運営している場合が8割と、大多数が委託型で運営されています。厚生労働省のホームページによると令和5年4月現在、全国で5431か所の施設があり、おおむね中学校区域に1つ程度を目安に設置されています。

Q38 地域包括支援センターでは、どんなことが相談できますか？

A 高齢者の困りごとに対して、さまざまな支援や制度を紹介し、つないでくれます。

地域包括支援センターは、対象地域に住む65歳以上の高齢者が利用でき、支援や介護が必要な人に対して、必要なサービスや制度の紹介を行っています。

たとえば、訪問介護による生活支援やリハビリを兼ねたデイサービスの利用が望ましい高齢者に対して介護保険の申請を行ったり、高齢者の困りごとに合わせた各種のサービスを紹介したり、認知症と思われる方に対応を行ったりと、そのカバーする領域は広いです。

地域包括支援センターの業務例

●介護予防ケアマネジメント
介護予防を目的としたケアプランの作成や介護予防サービスの紹介
●総合相談
高齢者の困りごとに対する必要なサービスや制度の紹介
●包括的・継続的ケアマネジメント
地域で暮らす高齢者の課題解決のための地域ケア会議やケアマネジャーへの相談・アドバイスなど
●権利擁護
成年後見制度の活用のサポートや虐待被害の対応など

地域包括支援センターでの相談は無料ですが、紹介されたサービスを利用する際には費用がかかることもあります。

高齢者の困りごとの相談に乗ってくれるよろず相談所のような存在ですから、困ったことがあれば気軽に問い合わせてみましょう。

まとめ

- 「地域包括支援センター」は、高齢者のさまざまな困りごとに対応してくれる
- あらゆる相談に応じてサービスを紹介してくれ、介護保険制度を使う際にも窓口になってくれる心強い存在

認知症で判断力が衰えたときのために……

認知症対策としての「成年後見制度」と「家族信託」

Q 39

将来認知症になったら、いろいろ困りごとがありそうで心配です。

A

認知症を発症して判断力が低くなると、本人確認が必要な手続きなどで困りごとが増えることが予想されます。

「死後」の財産に関する対応の方法が相続や遺言ですが、超高齢化社会を迎えた日本では、それに加えて**高齢者の「生前」の財産管理をどうするか**が、大きな課題となっています。

というのも、**法律は基本的に「本人」の判断を重んじるようにできている**からです。

とくに近年は法意識の高まりを受けて、**さまざまな場面で厳格な本人確認が求められる**ようになっています。認知症が進行して本人の理解力・判断力が失われてしまうと、本人確認が必要な手続きは基本的にできなくなります。

ちなみに、認知症は加齢とともに有病率が急激に高まることが知られています。認知症の有病率は、80代後半で男性の約35％、女性の約44％、90代後半になると男性の約51％、女性の約84％とされています（厚生労働科学研究費補助金 認知症対策総合研究事業「都市部における認知症有病率と認知症の生活機能障害への対応」２０１３年）。

本人確認を求められる手続きとは、次のようなものがあります。

本人確認を求められる手続きの例

- 預貯金の引き出しや解約
- 株や投資信託などの変更や解約
- 不動産売買や施設入所をはじめとする契約の手続き

●遺言の作成
●自分が相続人となる際の相続手続き　など

日常生活はともかく、これらのことができなくなってしまうと、資産は凍結状態になってしまいます。

そしてもっと怖いのは、その日がいつ訪れるのか、本人も含めて誰にもわからないことです。医学や生活環境の進歩によって、多くの人たちが長生きできるようになったのは喜ばしいことですが、反面、備えるべきリスクが生まれているのです。

自分が認知症を発症することを前提として、対策しておくことが必要でしょう。

Q40 認知症になったら、預金が引き出せなくなるって本当ですか？

A 本人の判断力が十分でなくなれば、口座を凍結される可能性があります。

成人したら、自分の財産は自分で管理することが基本です。

しかし、これは本人に適切な判断力があることが前提です。

前項でも触れたように、認知症などによって本人に適切な判断力がないと判断された場合、**銀行や証券会社などの金融機関では、口座を凍結することによって本人の資産を保護する**というのが基本的なスタンスです。

口座が凍結されれば、振込や払出し、振替や解約などの各種手続きができなくなります。もちろんＡＴＭも使えなくなります。

さらに、株式や投資信託など購入や売却などのタイミングが重要な商品も、現状維持しかできないことになってしまいます。

なお、金融機関の窓口では、本人が窓口で自身の名前や生年月日が言えるかどうか、直筆で署名ができるかを、判断力が残っているという判断基準にしているケースが多いようです。

◆条件をクリアすれば、家族が引き出せる場合もある

おふたりさまの場合、認知症になった夫の口座が凍結され、妻が生活費を引き出せないという可能性もあります。

認知症などによって預金者本人の認知機能・判断力が低下しているケースについて、社団法人全国銀行協会は次のような指針を出し、特例として家族による預貯金の引き出しを認めています。

不測の事態における預金の払い出しの条件

- 本人が認知症などの診断を受けていること
- 引き出すお金が本人のために必要であること
- 預金の引き出しを行おうとする人が、本人の家族であること

ただし、これはあくまでもガイドラインであり、緊急時の家族の引き出しを認めるかどうかは、各金融機関によります。A銀行では引き出せたが、B銀行では引き出せないということがあるわけです。金額上限や回数上限の設定も、金融機関によってルールが決められています。

預金のある金融機関の対応について、あらかじめ確認しておくとよいでしょう。

ただし、これは配偶者や子どもがいる場合に可能な対策です。

身寄りのない人が認知症になって口座が凍結されてしまった場合は、次項で触れる成年後見制度によって口座の管理をすることになります。

Q41 「成年後見制度」について教えてください。

A 後見人が被後見人を保護し、財産管理などさまざまな判断を行う制度です。

認知症が進行すると、口座の凍結や重要な契約ができなくなるなど、資産の管理に困難をきたすことがわかりました。では、何か対策はないのでしょうか。

認知症そのものを予防することについては医学の専門家にお任せするとして、本書では手続きなどで取り組める認知症対策についてみていきたいと思います。

◆本人に代わって財産管理などを行う「成年後見制度」

認知症対策としてまず挙げられるのは、**「成年後見制度」**です。

成年後見制度は、認知症や知的障害、精神障害など、判断力が十分ではない人の代わりに、権利や財産を守ることを目的に、重要な判断などを支援する制度です。

よく言われるのは、後見人は本人の代わりにハンコをつく人というたとえです。成人前の子どもは判断力が十分ではないため、親などの保護者が代わりに契約行為などをすることを思い起こしていただけたらと思います。

成年後見制度の対象者となる人を「被後見人」、被後見人を保護し、代わりにいろいろな判断をする人を「後見人」といいます。

そして、後見人は、本人である被後見人の代わりに次のようなことを果たします。

後見人の主な役割

●預貯金や不動産などの財産管理、収支管理

- 遺産分割協議をはじめとする相続手続き
- 介護・福祉サービスの利用契約や施設入所・入院などの契約の締結、医療費の支払い、履行状態の確認などの身上保護
- 悪質商法のような不利益のある契約を本人が結んでしまった場合、契約の取り消し　など

後見人は、本人の利益になることのみにその権限を使います。本人の健康状態や暮らしぶり、財産状況などについて、家庭裁判所に定期的に報告する職務があります。

ちなみに、食事の世話や介護などは、成年後見人の職務ではありません。

Q42 誰が後見人になるのですか？

A 任意で決める任意後見と、裁判所が決める法定後見があります。

ここで知っておきたいのは、成年後見制度には、任意後見制度と法定後見制度の2つがあるということです。

図表4-1　任意後見と法定後見

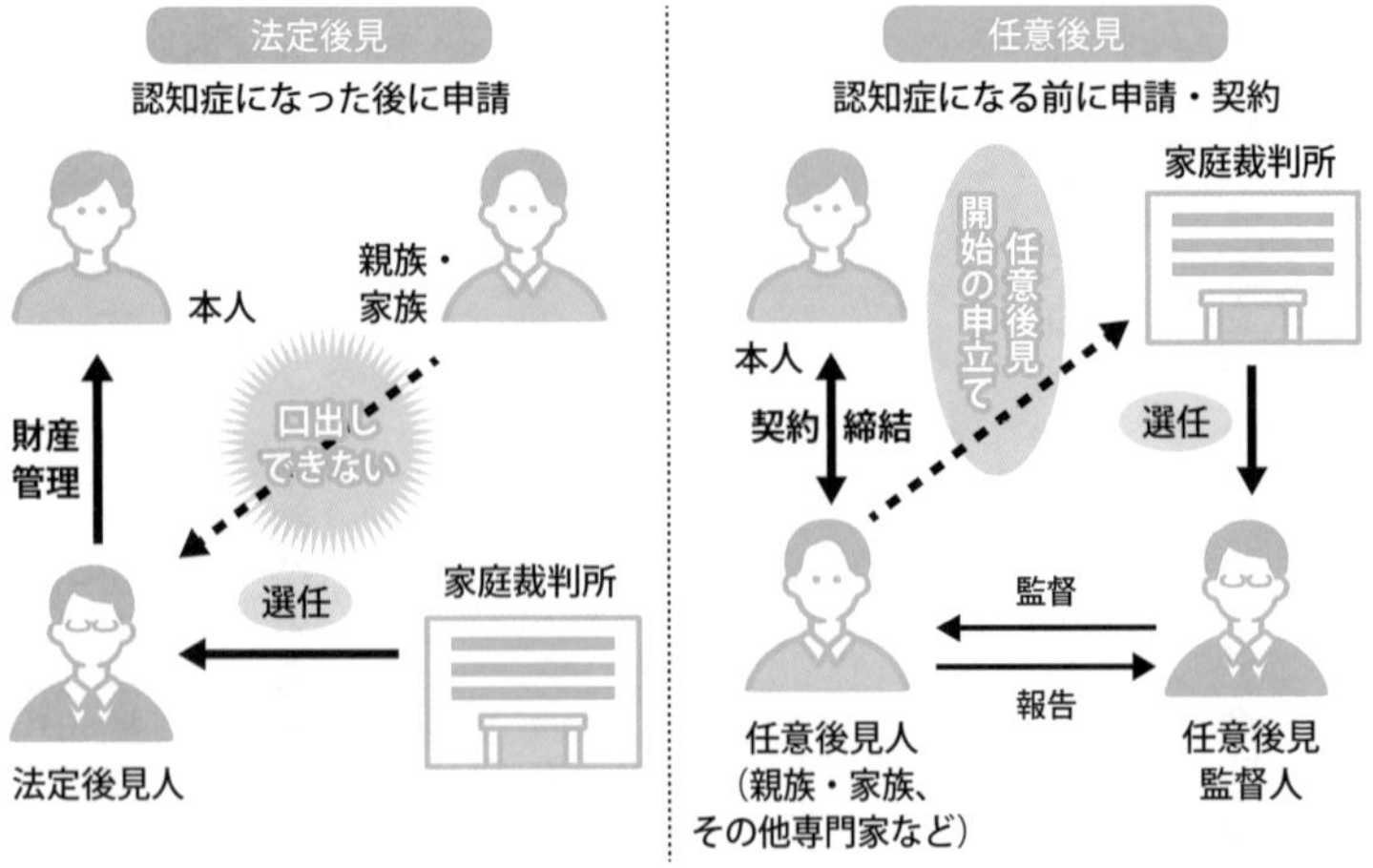

●任意後見制度

将来、判断力が不十分になったときに備えて申請・契約する

↓本人の意思で後見人を指定できる

●法定後見制度

すでに判断力が不十分になってから適用される（本人の同意は不要）

↓後見人は家庭裁判所が選任する

じつは法定後見制度では、一定以上の財産を保有している場合、**家族や親族ではなく弁護士や司法書士などの専門家が任命されるケース**が多くなっています。

そうなると、事前にどのような専門家が

任命されるのかわからず、相性なども把握できません。また、専門家が後見人に就任した場合は報酬が発生します。

本人が希望する人に後見人となってもらいたい場合は、任意後見契約を事前に締結しておくほうがよいでしょう。

Q43 「成年後見制度はやめておいたほうがいい」と聞いたことがあるのですが……。

A ― デメリットをしっかり確認したうえで、検討しましょう。

成年後見制度のデメリットとして挙げられるのは、主に次の3つです。

①財産管理に厳しい制限がある
②いったん開始したら、原則としてやめられない
③費用がかかる（後見人や後見監督人への報酬）

成年後見制度を開始すると、財産管理においては厳しい制限がかかります。

というのも、後見制度は**本人の不利益にならないように財産管理を行うことが大原則**だからです。

そのため、家族のための支出や生前贈与などは認められません。

また、株式や投資信託などの有価証券は基本的に現金化を求められ、資産運用ができなくなる、一定程度以上の資産がある場合は後見制度専用の口座の利用を求められ、家庭裁判所からの指示書がないと出金ができなくなるなどの制限がかかるようになります。

そして、後見制度は一度開始してしまうと途中でやめたいと言っても本人の判断力が回復しない限りはやめられません。

また、専門家が後見人や後見監督人に就任すると定期的に報酬がかかる点なども、デメリットとして挙げられることが多いです（報酬は管理する財産額によって月額1～6万円程度）。

なお、2022年に国連から日本の成年後見制度が差別的なので廃止するよう勧告を受けたこともあり、本書の執筆時点では後見制度についての見直しが議論されています。

Q44

認知症になってしまった場合、後見制度以外の財産管理方法はありますか？

A

成年後見制度よりも自由度の高い「家族信託」という方法があります。

制約も多い後見制度の代わりに、近年注目を集めているのが「家族信託」です。

家族信託は、保有する預貯金や不動産などの資産を信頼できる人に託して、信託財産として管理や処分を行ってもらう財産管理の方法です。

第3章では、遺言の代わりに家族信託を活用する方法について紹介しましたが、ここでは**認知症対策としての家族信託**を説明します。

◆柔軟な財産管理が可能になる

第3章でも触れたように、**財産の管理をする人と利用する人を分けられる**のが家族信託の性質です。この特長を生かして、判断力が十分なうちに財産の管理を任せられる人に委ねてしまうのが、家族信託を活用した認知症対策の基本的な考え方です。

図表4-2　家族信託による認知症対策

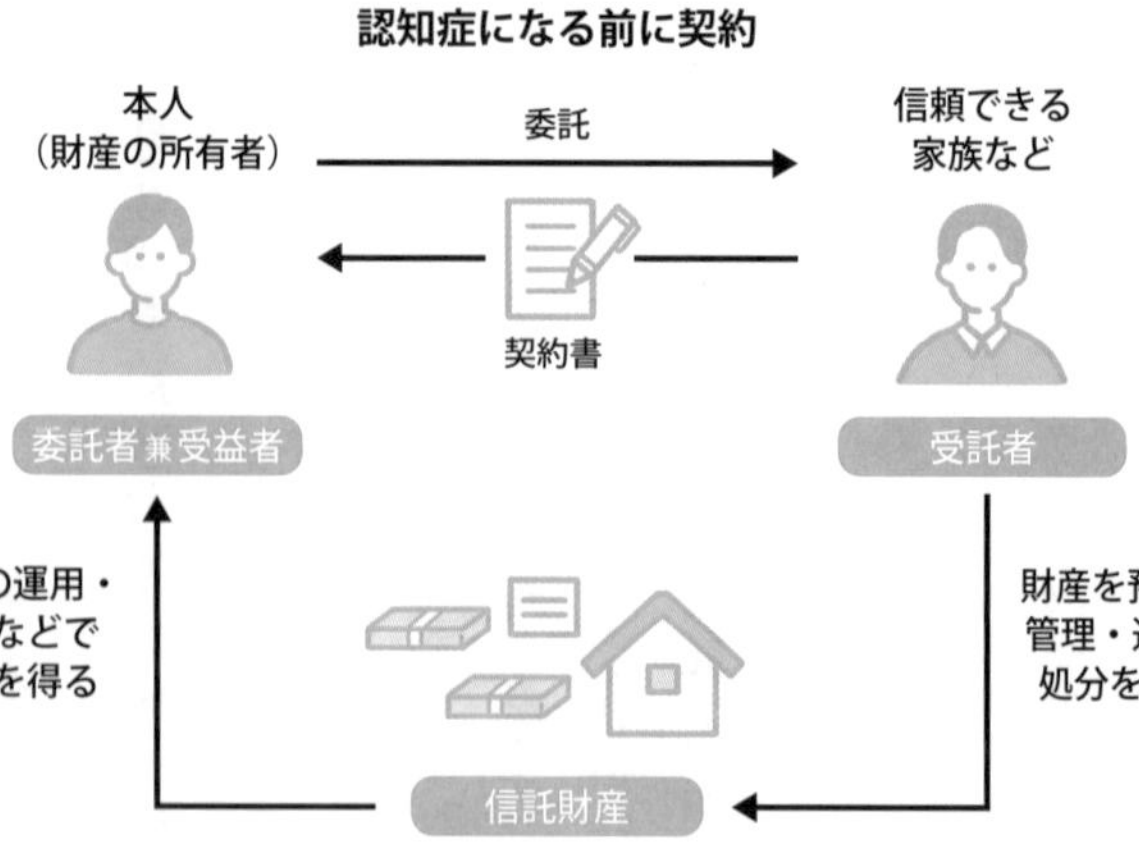

事前に財産を管理する人（受託者）に財産を移転するので、仮に本人（委託者）の判断力が低下してしまっても、財産管理には支障ありません。

成年後見制度のような制限がないため、**資産運用や相続対策を意識した資産の移転など、柔軟な財産管理が可能**です。

事業を営んでいる場合は、自社株を信託財産にすることによって、事業承継に活用する方法もあります（図表4-2）。

◆おふたりさまの場合は「受託者の選定」がカギ

家族信託は多くの場合家族間で行われますが、家族以外の人に財産管理を託すこともできます。

ただし、おふたりさまのように配偶者以外に信頼できる人がいない場合、他人に大切な財産を託せるかという問題が残ります。受託者の使い込みなどが心配な場合、士業などの専門家に信託監督人を依頼して受託者をチェックしてもらうこともできます。

とはいえ、認知症対策としても遺言代わりとしても使える家族信託は、非常に使い勝手のいい制度です。老後準備を考えるうえで検討する価値は十分にあります。

まとめ

- 認知症によって判断力が衰えると、金融機関の口座が凍結される可能性がある
- 認知症対策としては「成年後見制度」と「家族信託」がある
- 「成年後見制度」には財産の使用にさまざまな制限がある
- 成年後見制度で後見人を自分で選びたければ、「任意後見」にする
- 「家族信託」は、成年後見制度と比べて自由度の高い財産管理が可能

自分が亡くなった後の手続きはどうなる？

死後の後始末のための「死後事務委任契約」

Q 45

自分が死んだ後のさまざまな手続きが気になります……。

A

お願いできる身寄りがない場合は「死後事務委任契約」を活用しましょう。

人が亡くなると、**葬儀や納骨の手配、亡くなるまでにかかった医療費や介護費用の支払い、公共料金の支払い、家財道具の処分や賃貸していた部屋の引き払い、年金受給の停止**など、さまざまな手続きが必要となります。

通常であれば、これらの手続きは亡くなった方の親族が行う場合が多いのですが、身寄りがなかったり、あっても疎遠だったりした場合には、こうした手続きをしてくれる人がいないことになります。

その場合は、**「死後事務委任契約」**という契約を結んで、死後の事務についてお願いしておくと安心です。

Q46 「死後事務委任契約」ってなんですか？

A 未払い費用の清算や、葬儀・埋葬の手配など、死後に発生するさまざまな手続きをお願いできます。

通常の委任契約の場合、委任した人（依頼した人）が亡くなると契約が終了しますが、死後事務は委任した人が亡くなった後のことをお願いするわけですから、死後に契約が続いていないとその目的を果たせなくなってしまいます。

そのため、**死後でも委任した人と委任を受けた人の間で有効に契約が続く委任契約**として、死後事務委任契約を活用するわけです。

死後事務委任契約では、次のようなことが委任できます。

死後事務委任契約で委任する項目

- 年金受給の停止
- 葬儀・埋葬の手配
- お墓や納骨堂、永代供養などの申し込み
- 医療費や介護利用料の支払い
- 賃貸借契約の終了と明け渡し
- 各種公共料金や電話代などの支払い
- 関係者への連絡
- デジタル遺品の整理、消去　など

Q47 「死後事務委任契約」は誰にお願いすればいいですか？

A 遺言執行者、あるいは行政書士や司法書士などの専門家に依頼するといいでしょう。

死後事務委任契約を誰に頼めばよいのかといえば、**親族、友人・知人、専門家（行政書士、司法書士、弁護士などの士業）**です。身寄りがない場合、専門家に依頼するのが一般的でしょう。

一番スムーズに進められると思われるのは、**遺言執行者に死後事務委任契約も合わせてお願いするケース**です。

財産の処分がメイン業務となることが多い遺言執行と、故人の死後に残った事務的な手続きの事務処理がメイン業務となる死後事務委任は、カバーする分野こそ違いますが、同じように故人の死後に関する業務です。

そのため、違う人がそれぞれ担当するよりも、同じ人が同時に進行したほうがスムーズに進みます。

また、人が亡くなった後には、預貯金など一定程度の財産が遺されるものです。死後事務委任契約のみを結び、遺言書がない場合、残された相続財産の取り扱いについて宙に浮いてしまいます。

このような事態にならないよう、**死後事務委任契約を検討する際には、財産の処分方法も検討し、遺言書を合わせて準備すること**をおすすめします。

〔コラム〕身寄りのない方の死亡届って誰が出すの？

誰かが亡くなったとき、真っ先にするべき手続きが「死亡届の提出」です。

じつは、この死亡届を出すことができる人（届出人）も法律で決まっています。

死亡届を提出できる人

親族、同居者、家主、地主、家屋管理人等、土地管理人等、後見人、保佐人、補助人、任意後見人、任意後見受任者

届出すべき人の順位は右記の順番通りなので、通常は親族もしくは同居者が提出することになります。

しかし、身寄りのない方の場合は該当する親族や同居者がいないこともよくあります。賃貸住宅の場合は家主や管理人がいますが、自宅の場合にはそうした人もいません。後見人等がいない場合もよくあります。

本人の死後に登場するのは遺言執行者や死後事務委任受任者ですが、法律の規定ではこれらの人は届出人となることはできません。

それでは、届出人に該当するような人がいない場合はどうするのか。じつは例外規定があって、**病院の院長**が届出人になることができます。私も、死後事務のみを依頼されていた方がお亡くなりになった際には、ご本人が入院されていた病院の院長先生に届出人となっていただきました。

まとめ

- 埋葬や納骨、各種未払い費用の支払いなどをお願いするのが死後事務委任契約
- 通常は身寄りの人がやってくれるケースが多いが、そういう人がいない場合には事前の検討が必要
- 遺言執行者がいる場合は、その人にあわせてお願いするのがベスト

第5章

おふたりさまの老後の住まい方

――早めの準備が豊かな老後のカギになる

よけいなモノを減らして、老後はスッキリ暮らす

そろそろ人生の後片づけをはじめよう

Q 48

家にため込んだたくさんの荷物。老後に片づけられるでしょうか？

A

家財の整理は体力・気力が十分なうちが勝負。60歳前後からはじめましょう。

私が高齢者の方の相談を受けて、ご自宅に伺った際によく驚かされることのひとつが、**荷物の多さ**です。

長年同じ家に住みつづけていると、気づかないうちにたくさんの荷物をため込んでしまうものです。手に入れた当初は大事なものだったり、生活に必要なものだったりした

のでしょうが、モノであふれかえった状態はご本人にとっても過ごしやすいとは言えません。

私も決して片づけが上手なほうではありませんが、モノにまみれたご自宅で、小さくなって生活をされているご高齢者を見ると、ヒトが主役なのかモノが主役なのか、わからない気持ちになることがあります。

また、たくさんの荷物を置いて亡くなったり、施設入所で自宅を離れたりということになると、**結局のところ誰かに後始末をさせることになります**。

必要なモノまで処分せよとは申しませんが、今後の人生で使わないであろう不要なモノを片づけておくことは、終活の第一歩といえるでしょう。

◆早めの片づけが、人生を豊かにする

その際にネックとなるのが、じつはご本人の体力。

家具などは大きくて動かしにくく、本なども数が増えると驚くほど重いものです。こうしたものを分別し、処分していくのは体力的にも重労働です。

そして片づけには**体力だけでなく、気力も必要**です。

家にあるモノの一つひとつに入手した経緯があり、それにまつわる思い出があるものです。それを振り切りながら、モノの処分を進めるのは、かなりの気力が必要です。ですから、家財の整理は老後を迎えてから行う「生前整理」ではなく、高齢者となる前の60歳くらいから「老前整理」を行ったほうがスムーズに進められるといわれています。

Q49 家財整理って、何からはじめたらいいですか？

A 使うものだけ残す、大きなものを処分するなど、少しずつでもはじめましょう。

大切なのは、**「使うものだけを残す」**ことです。

「使うもの」と「使えるもの」は違います。

現在使っているものは当然手元に残しますが、「まだ使えるもの」や「将来使うかもしれないもの」は思い切って処分しましょう。

もったいないと感じるかもしれませんが、これが家財整理における重要なコツです。

◆少しずつでも、はじめてみる

また、最初から完璧な状態を目指すと「時間がない」「準備ができていない」と、なかなか手をつけられません。毎日少しずつでもいいので、**手をつけやすいところからどんどんはじめましょう**。

自分たちで作業をするのが大変なら、業者にお願いするという手もあります。ただ、その場合も何を残して何を処分するのかは、自分たちで決めなければなりません。

また、収納家具や大型家電など、**大きめのものをバッサリ処分していくこと**が大切です。居住スペースが広がるので、スッキリしたことを実感できるからです。

家財整理のコツ

- 現在使っているもの以外は処分する
- 完璧を目指さず、手をつけやすいところからはじめる
- 大きなものを処分する

いつかは、誰かが片づけをしなければならないのですから、自分自身で早めに着手して、モノではなくヒトが主役の住まいで暮らしましょう。そのほうが、これからの暮らしが豊かになると思います。

Q50 亡くなった配偶者のパソコンやスマートフォンはどうすればいいですか?

A 処分する前に、重要なデジタル情報の有無などを確認しましょう。

パソコンやスマホは非常にプライベートなツールのため、パスワードなどで普段からセキュリティをかけている場合がほとんどです。

そのため、**本人以外ロックを解除できないのに、その本人が亡くなってしまう**ということが起こります。

◆パスワードがわからなかったら……

パソコンやスマホ、SNSなど、**デジタル遺品、デジタル終活**という言葉が、あちこちから聞かれるようになりました。

スマホやパソコンも遺産のひとつですから、**相続人が管理・処分をする**のが原則です。故人のスマホの解約も、相続人であれば可能です。ただし、パスワードなしにロックがかかったスマホやパソコンを開くことはできません。

「プライバシーに関わるものだから、スマホもパソコンもロックをかけたまま処分してしまおう」という手もありますが、中に重要な情報が入っていることもあり、気軽に処分しにくいのがデジタル遺品の特徴です。

たとえば、**通帳のないネット銀行やネット証券などのオンライン口座**は、口座の有無自体を家族が知らなければ調べようがありません。また、さまざまな**ネット上やアプリの有料サービス**なども、加入している事実を知らないと解約や利用停止すらできません。

パソコンやスマホからアカウント情報や写真などのデータを引き出すためには、パスワードを入力してロックを解除するか、業者に依頼するしかありません。

料金はかかりますが、信頼できる業者に依頼すれば、**パスワードの解除、SNSのア**

カウント、オンライン口座や取引などの確認、有料・課金サービスの停止、友人、知人の連絡先、メールや画像などのデータの仕分けや抽出、さらに**初期化、廃棄**までお願いすることができます。

◆重要なデジタル情報の一覧を作成しておこう

いずれにせよ、手間もお金もかかるデジタル遺品の扱いは、相続人にとって悩みどころ。相続人の不安や手間をなくすためにも、あらかじめデジタル終活をしておくことをおすすめします。

デジタル終活の基本

①普段使っているパソコンやスマートフォンのログインＩＤ、パスワード
②ネット銀行やネット証券など、利用している金融機関名や口座情報
③サブスクリプションなど、利用している有料・課金サービスの情報

①〜③を一覧にして、いざというときに相続人がわかる形にしておきましょう。
ただし、悪用を防ぐために、簡単に目に触れるような場所での保管は避けたいところです。

最近では「デジタルキーパー」「まも〜れe」など、**デジタル終活（ログインパスワードなどのデジタル遺品の共有や消去）を支援するサービス**もあります。

日本デジタル終活協会の代表理事である伊勢田篤史弁護士は、**パソコンやスマートフォンなどの重要なパスワード情報を紙に書き記し、財布や通帳などに挟んでおく**というアナログな方法を推奨されています。**パスワードの部分は修正テープを貼っておくと、いざというときに削れば見えます。**

まとめ

- 片づけには気力と体力が必要になるので、高齢者になるほど難しい
- 60歳くらいから少しずつ整理をはじめれば、老後はスッキリ暮らせる
- パスワードや大切なデータなどのデジタル情報は、自分が亡くなってもわかるようにしておく

公的・民間を問わず、使えるサービスは賢く使おう

老後の暮らしの不安を解消する

Q51 自宅に高齢者だけで住みつづけるのは難しいですか？

A **不安や不便を補うさまざまなサービスがあるので、状況に合わせて利用しましょう。**

子どもに頼れないおふたりさまの老後の暮らし。不安や不便については、**外部のサービスを使って補いながら自宅で生活する方法**もあります。

◆介護保険によって受けられるサービス

まず、**介護保険を使って訪問介護による生活のサポートを受ける生活援助の制度**があります（原則として65歳から利用可能）。公的なサービスなので、どのようなことをしてもらえるかが明確に定められており、また受けられる回数なども**本人の状態（要支援・要介護のレベル）によって決められています。**

公的な介護保険サービスにおける生活援助（家事代行）の例

- 利用者本人が日常生活を送っている居室や生活動線にある部屋の掃除
- 利用者本人が利用した衣服やタオルの洗濯
- ベッドメイクや衣服の整理
- 買い物や薬の受け取り　など

なお、こうした訪問介護の生活援助（家事代行）は、家事を行える家族が同居している場合には利用できません。

また、これらのサービスの対象はあくまでも利用者本人です。家族が使用している部屋の清掃などは対象外です。

◆費用はかかるが柔軟な民間サービス

制約がある公的なサービスではなく、自由度の高い介護保険外の民間サービスを利用するという方法もあります。保険外のサービスは全額自己負担ですが、介護保険でのサービスでは対応できないことも依頼できるのが魅力です。

民間の介護サービスの例

- 自宅全体の掃除や、レンジフードの汚れ落としなど
- 庭の手入れ
- 公共料金の支払い代行
- 大きなものや重いものの買い物
- 家財道具などの片づけ　など

民間の事業者が提供するため、サービス内容や価格設定もさまざまです。

また、**地域のシルバー人材センター**でもこのようなサービスを提供している場合があります。低廉な価格と、同じ高齢者同士という気安さが好評なようです。

◆不安を補ってくれる見守りサービス

高齢者のみでの生活は、突然の体調急変なども心配です。

医療の点からは、普段から**かかりつけ医**をもち、日頃の状態や症状を把握してもらうことが望ましいでしょう。

また、自宅での**見守りサービス**を利用することによって、突然倒れた際などにも緊急対応してもらえるようにしておくと安心できます。

見守りサービスのいろいろ

● 定期的に自宅を訪問してくれるタイプ

- センサー機器を設置することで安否確認するタイプ
- 自動配信の電話やメールで安否確認するタイプ
- カメラによって見守るタイプ
- 食事や郵便物の宅配時に確認するタイプ　など

必要に応じて、ライフスタイルと費用に合ったサービスを検討しましょう。

Q52 配偶者がいなくなってからの一人暮らし、何もかも自分でやれるか不安です。

A すべてを自分でやる必要はありませんが、「生活力」をつけておくことも大切です。

最近では家事力を身につけた男性も増えてきましたが、中には**「台所に立ったことがない」「生活に必要なものがどこにあるかもわからない」**という人もいらっしゃるのではないでしょうか。

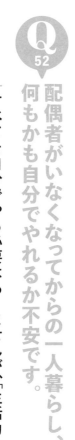

そして、じつは女性にも**「いろいろな手続きはすべて夫がやってくれていた」「どこの銀行に口座があるかよく知らない」「自分の印鑑登録をしていない」**という人が少なからずいらっしゃいます。

もともと行政書士の資格を持っていたものの、長らく墓石店を営んでいた私が老後準備や終活に目を向けるようになったのも、そうしたお客さまが配偶者に先立たれて非常に困ったという体験談を聞かせてくれたことがきっかけでした。

◆「生活力」は家事だけじゃない

おふたりさまが配偶者に先立たれておひとりさまになったとき、とにもかくにも大事なのは**「生活力」**です。

「生活力」というのは、**料理や洗濯、掃除といったいわゆる家事だけでなく、社会的な手続きやお金の管理なども含まれます**。

おふたりさまの場合、程度の差こそあれ、なんらかの役割分担をしながら生活している場合が多いのではないかと思います。

しかし、お互いに年齢を重ねてくると、いつ何があるかわかりません。

配偶者が急な入院をしたり、それこそいつかはどちらかが先立つことになります。それでも、日々の生活は続いていきます。

すべてを完璧にこなす必要はありませんが、**必要最低限のことはお互いに教え合ったり、いざというときに必要な情報をまとめておいたり**という準備をしておくと安心です。

Q53 自分よりもペットが長生きしそうで、先のことが不安です。

A 自分の老後と同様に、事前の準備が大切です。

◆飼い主は最後までペットについて責任をもつ義務がある

私たちの生活に彩りと潤いを与えてくれるペットですが、高齢になると、自分が最後まで責任をもって飼育できるかどうかが気になるところです。実際に「動物の愛護及び管理に関する法律」でも、終生飼養といって飼い主はペットが寿命を迎えるその日まで適正に飼育する責任があるとされています。

ペットを飼っている人は、突然長期の入院を強いられたり、要介護状態などでペットの面倒をみられなくなったり、ペットを残して先立つことになってしまったりという可能性を考えておかなければなりません。

◆一時的にペットの面倒をみられなくなってしまった場合

では、最後までペットの命に責任をもつための方法について見ていきましょう。

まず、入院などでしばらく面倒をみてあげられない場合です。

おふたりさまの場合、入院中は配偶者にペットのケアをお願いするというのが一般的な選択肢ですが、さまざまな事情でそうもいかない場合もあるかと思います。

そういった場合には、友人知人や預かり業者などに一時的に預かってもらうことになると思われます。とはいえ、一時的な預かりの場合でも、**ワクチン接種を済ませておく、ある程度のしつけをしておくなどの日頃の準備**は必要ですし、**食事や普段から飲ませている薬の準備、注意点などを記載したメモを作成**しておくと、いざというときに慌てません。

◆自分がペットの面倒をみられなくなってしまった場合

続いて、長期の入院や要介護状態で自分が面倒をみられなくなってしまった場合や、自分が先立ってしまった場合の備えについてです。この場合、一時的な対応ではなく、今後も続けていけるような選択肢を考えなければいけません。

そうなると、基本的には**新たにペットを飼ってくれる友人知人や団体を探す**ということになりそうです。

ただ、ペットの飼育は思った以上に手間もお金もかかるもの。引き取り手を探すのはそう簡単ではありません。

最近では「**ペット信託**」といって、将来のペットの飼育のために使うお金を信託財産として残し、信頼できる人や団体にお金の管理や飼育を委ねるという方法も登場してきています。

また、老人ホームならぬ「**老犬（猫）ホーム**」というのも登場しているようです。

ペット信託や老犬（老猫）ホームは、安心して預けられるサービス内容かどうか、その会社や施設が信頼できるかなどの確認が欠かせません。また、長期にわたってペットを預かってもらうためには、まとまった資金の準備も必要となります。

最近では、数は少ないもののペットと同居できるサービス付き高齢者向け住宅も登場しています。なお、ペットと触れ合うことによって認知症の症状に改善が見られる場合もあるようです。

まとめ

- 介護保険による生活を支援するサービスを受けられる（足りない部分は民間のサービスを利用してもよい）
- おふたりさまの場合、お互いに不得意な分野を意識して、最低限の生活力をつけておくことが大切
- ペットよりも先に亡くなることもイメージして、備えておくことが必要

移住する、自宅を手放すなどの選択肢もある

「老後はどこに住むか問題」を考える

Q54

都会と田舎、老後の暮らしにはどちらが向いていますか？

A

じつは、それぞれのポイントとなるのは「人間関係」です。


都会暮らしと田舎暮らし、どちらがいいのか。

これは一人ひとりの趣味趣向や好みによるので、一概にはいえません。

また、都会といってもタワーマンションと下町、地方といっても地方都市と農村や漁村では、その暮らしぶりはかなり違ったものになります。

そのうえで、大局的には次のようなことがいえるでしょう。

都会：人間関係が機能的。その都度付き合う人や利用するサービスを変えることができる
田舎：人間関係が濃厚で全人格的。生活のすべての面で人間関係が求められるので、都会のような「付き合い分け」が難しい

一般的に、**人付き合いが煩わしい人は都会を、濃厚な人付き合いを求める人は田舎を選ぶ**ほうがいいでしょう。ただ、都会でも濃厚な人付き合いが残っている下町、田舎といっても人間関係が希薄な地方都市もあり、ケースバイケースです。

◆機能的といえる都会暮らし

ただ、高齢になるとどうしても、体の不調や持病と付き合っていくことになります。**病院を選ぶという観点からは、都会のほうが選択肢は多く、病院の選択のために地方から都市部に移り住む高齢者も多くいる**ほどです。

都市部の人間関係は機能的になりやすいため、老後の安心を確保するためには、介護

や福祉、日常の見守り、権利や財産の保護など、必要に応じて適切な外部サービスを利用するのが基本的な考え方になるでしょう。

自分にとって必要かつ適切なサービスを知ることは重要です。外部サービスを適切に選ぶための知識を教えてくれる相談機関として、最近では地域包括支援センター（138ページ参照）がその役割を果たしているケースが多いです。

◆人付き合いが大事な田舎暮らし

では、老後は都会を離れて、長年憧れてきた田舎暮らしをしたいという場合はどうでしょうか。

この場合、**よりよい人間関係**を構築することが重要です。というのも、**人間関係から得られる公式・非公式を問わない情報が、田舎の生活において重要**だったりするからです。

移住先の候補が想定できているなら、高齢期を迎える前から、その地域で人間関係をつくれるような準備期間を設けてもいいでしょう。

そのうえで、医療や介護など、いざというときに必要となるサービスにどのようにアクセスしたらよいかを考えておくと、安心して田舎暮らしが送れるでしょう。

イメージや憧れだけでなく、日々の暮らしや医療や介護について、リアルに考えてみることが大切です。

Q 55 住み慣れた自宅の「家じまい」はどうしたらよいでしょうか?

A まずは家財の処分からスタートしましょう。

これまで住んでいた自宅や実家（親からの相続）などで、空き家を所有することになったら……。気をつけてほしい点があります。

◆空き家の放置はデメリットばかり

まず、**空き家状態を長引かせないこと**。

空き家になれば、家の老朽化が進みます。日本の戸建て住宅は木造が多いため、定期的な換気が行われないと多湿な気候も相まって劣化が早まるのです。

敷地内に雑草が生い茂るようになると、建物にも悪い影響があるだけでなく、一見して空き家とわかってしまうため、不法侵入や放火のリスクが高まります。

屋根や壁の破損・落下や倒木などで通行人や隣家に被害を与えた場合は、**所有者が損害賠償責任を問われる**こともあります。

また、2023年12月には空き家法の改正が行われました。

これまで「倒壊等の恐れがある危険な空き家（特定空家）」について固定資産税が増額されていたのですが、法改正で**「いずれ特定空家になる恐れがある空き家（管理不全の空家）」についても、土地の固定資産税が増額される**ことになりました。

使わなくなった家については、資産を有効活用するという観点からも、早めに次の利用方法を決めることをおすすめします。

具体的な方法は、大きく分けて次の3つです。

●売却して現金化する

●賃貸に出して賃料を得る
●何かの形で自己利用する

◆ネックとなるのは家財の処分

その際にネックとなるのが、やはり家に残っている**家財の整理**です。

売却でも賃貸でも、家財整理なしに次のステップに進むことはできません。しかし、**家財に思い入れがあったり、家財整理のための時間が取れなかったりして、この最初の段階で足踏みしてしまうケースが思いのほか多い**のです。

なお、家屋を解体する場合でも、廃棄物に細かな分別が求められるため、室内に残置物がない状態にしてから解体するのが基本です。解体を予定している場合、解体業者にどの程度の残置物処分が必要か、確認しておくと安心です。

どうしても処分できない家財がある場合は、トランクルームなどに移して保管するという方法もあります。

自治体によっては、老朽化した空き家の解体に補助金が出るケースもあります。

「家財を処分するだけでお金や手間がかかるのはもったいない」という気持ちもわかりますが、**空き家を放置することによる資産の目減りやさまざまなリスク**を考えると、早めの行動が望ましいでしょう。

Q56 自宅はあるけど、貯蓄があまりなくて不安です。

A リースバックやリバースモーゲージという方法があります。

自宅はあっても貯蓄が少ないという場合、自宅を売却するという方法もありますが、高齢になって住み慣れた家を離れるのは不安なものです。

自宅に住みながら生活費などの資金を得る方法として、**「リースバック」**や**「リバースモーゲージ」**があります。どういった方法なのか、見ていきましょう。

リースバック

自宅を売却して、その後は賃貸物件として家賃を支払いながら引き続き同じ

家に住みつづける。一度自宅を売却するため、その際まとまった資金を手に入れられるのが特長

デメリット

- 通常の売却よりも安い価格での売却になりやすい
- 賃料が払えなくなってしまうと自宅から退去しなければならない

リバースモーゲージ

自宅を担保に金融機関から融資を受ける。一般的な不動産担保ローンとは異なり、契約者が健在のうちは金利のみを支払い、契約者が死亡した際に自宅を売却して元本を精算するのが一般的

デメリット

- サービスを受けられるのは都市部などの資産価値の高い物件に限られる
- 借入可能額がそれほど大きくない
- 契約者の死亡時には借入金を返済しない限り自宅を売却しなければならないため、推定相続人（相続人となるであろう人）からの同意が必要

自宅に住みつづけながら資金を得られるのがリースバックやリバースモーゲージの特長ですが、併記したようなデメリットもあるので、条件などをよく検討しましょう。

これから何年くらい自宅に住みつづける予定なのか、そして手にできる資金が通常の売却と比べてどの程度の額になるのかについてのリサーチが不可欠です。

検討の結果「**自宅を売って近所の手頃な物件に移り住んだほうがいい**」という結論になるかもしれません。

さまざまな選択肢の中から、どの方法が最も資産を有効活用できるのか、比較検討を行ってしっかりと見極める必要があります。

まとめ

- 機能的な都会暮らしか、人間関係を重視する田舎暮らしか。それぞれの特色を知って老後の暮らし方をイメージしてみる
- 空き家を放置するとさまざまなリスクがあるため、自宅を離れるなら売る、貸すなどの対策を考える
- 自宅に住みながら資金を得る「リースバッグ」「リバースモーゲージ」という方法もあるが、デメリットも考慮して慎重に検討する

自宅に住みつづけるか、高齢者施設に入所するか
高齢者施設への入所を視野に入れておく

Q57 住み慣れた我が家と高齢者施設。老後の住まいはどちらがよいでしょうか？

A **健康状態や希望に合わせて、住まいを検討しましょう。**

これはなかなかの難問です。

というのも、老後の住まいについては、一人ひとり最適な答えが異なるからです。

まずは、自身の希望です。

「どこで介護を受けたいか」「どこで最期のときを迎えたいか」と聞いた調査によれば、細かな数字は異なりますが、自宅を希望している人が半数以上の割合となり、**自宅願望**

の強さがうかがわれます。

高齢者施設に移り住むということは、住み慣れた我が家から新しい環境への適応を迫られます。知らない環境で知らないスタッフや同居者に囲まれて、ストレスや不安などから認知症の症状が悪化する場合もあります。

とはいえ、高齢者施設では、専門の介護スタッフがしっかりとケアを行ってくれることや、医療機関との連携、24時間体制のケアなどの安心感が得られます。

自宅で在宅ケアを受けながら生活しつづけるという方法もありますが、**介護面では施設のメリットがより大きい**といえます。とくに介護度が高くなって昼夜を問わないケアが必要となってきた場合は、在宅ケアでは対応が難しい場面も出てくるでしょう。

◆元気なうちに高齢者施設の見学を

おふたりさまの場合は、夫婦ともに高齢者となることが多く、**お互いに相手へのケアが負担になったり、これまで介護する側だった人が急に体調を崩してしまったり**というケースもあります。

私自身が支援させていただいた方のケースでは、自宅の生活環境がかなり悪化した状態で過ごしておられ、高齢者施設に入所してようやくお風呂に入り、衛生的な生活を送れるようになったケースもありました。このようなケースでは、必ずしもご自宅にこだわることがご本人のためにならないこともあると思います。

高齢者にとって転居の決断は大きなもので、判断力が必要です。人間は知らないことは想像できないものですから、**元気なうちから高齢者施設の見学に行ってみる**など、高齢者施設がどんなところなのか知っておくのもおすすめです。

◆施設入所を考えたら、要支援・要介護認定を受ける

そもそも、高齢者施設入所時には**要支援・要介護度の確認**があります。要介護度が入所条件になっている施設もあるので、これまで介護サービスを受けたことがなくても、要介護認定を受けるケースが多いと思います。

要支援・要介護認定の申請は市町村の窓口で行いますが、地域包括支援センター（138ページ参照）でも相談に乗ってくれたり、手続きを代行してくれたりします。自治体の窓口が遠いなどの場合、まずは近くの地域包括支援センターで相談するとよいでしょう。

Q 58

高齢者施設へ入所することになったら、事前にどんな準備が必要ですか?

A **荷物の選別、入所する施設の選定、そして身元保証人の確保などがあります。**

高齢者施設へ入所する際にはさまざまな準備や手続きが必要となりますが、大きく分けると、次の3つです。

①身元保証人の依頼
②どの施設に入所するかの選定
③引っ越し(持っていく荷物の選別)

①は第4章で紹介しました。②は次項で解説します。
ここでは、③について考えてみましょう。

◆本当に必要なものだけを選別して持っていく

施設によって異なるので一概にはいえませんが、「サービス付き高齢者向け住宅」の場合、基本的に居室は25㎡以上、ただしキッチンやリビングを共用で利用できるようにした場合は18㎡以上の広さが求められるため、18㎡（約11畳）に合わせて設計されていることが多いようです（図表5−1）。これまでの家財道具を11畳強の部屋に持ち込むことは極めて難しいと考えておきましょう。

図表5−1　一般的なサービス付き高齢者向け住宅の間取り

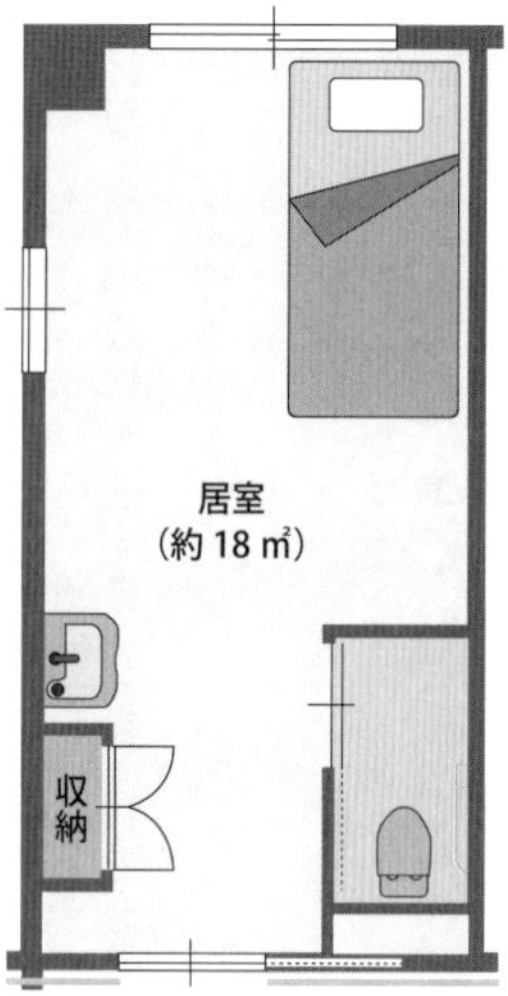

限られたスペースで大きなウエイトを占めるのはベッドのため、それ以外に置けるのは小さめのキャビネット、その上にテレビや、タンス、小型冷蔵庫程度です。

洋服や下着類、基本的な日用品、貴重な書類程度のものしか持ち込むことができないのが実情です。日常生活を送るために本当に必要なものは何かを考え、少しずつ身の回りを整理しておくといいでしょう。

どんなに愛着のあるものでも、いつかは手放さなければならない時期がきます。おひとりさまになって施設に入所する場合、自宅を処分するケースも多く、施設入所は断捨離の機会ともいえそうです。

Q59 種類や区別がよくわからない高齢者施設。選び方を教えてください。

A 経済状況や本人の状態（要支援・要介護）に合わせて、最適な施設を検討しましょう。

自宅での生活に不安が出てきた際の選択肢として、高齢者施設への住み替えがあります。とくに、子どもがいない、子どもがいても頼りたくないというおふたりさまの中には、老後の住まいに高齢者施設をイメージしている方も多いのではないでしょうか。

しかし、一言で高齢者施設といってもその内容はさまざま。自分に合った施設選びのためにも、まずはどのようなタイプの施設があるのか知っておきましょう。

◆自立型か、介護型か

まず、高齢者施設には、元気で自立しているうちから入所できるタイプと、介護が必要な状態になってから入所するタイプがあります。

自立型：自立した生活を送れる人が入所する施設

自由度が高く、一人暮らし用のマンションにいざというときの支援サービスがついているイメージです。

介護型：介護が必要な人が入所する施設

ワンルームタイプの部屋にトイレや洗面所が付いていて、介護しやすいつくりになっているケースが多いです。

介護度の高い方に対応できる施設は、費用も高くなる傾向にあります。

自立タイプでも、豪華な設備にコンシェルジュサービスも充実しているシニア向け分譲マンションなどは、その分高額になります。

◆公的施設か、民間施設か

高齢者施設には、公的施設と民間施設があることも押さえておきたいポイントです。**公的施設**は、国や地方自治体が運営しているため、介護度の高い方や低所得者への支援に重きを置いています。そのため入居者の経済的な負担は軽くなりますが、人気が高く入居待ちが長くなる傾向にあります。

対して、**民間施設**は高齢者のニーズを満たすことを意識しているので、さまざまなタイプがあります。また、公的施設と比較してサービスが充実している場合が多いのも特徴です。費用に関しては、比較的安価な施設から豪華で高級な施設までそれぞれありますので、選択肢の多い地域であれば、希望に合わせて選ぶことができるでしょう。

図表5-2のように、高齢者施設と一口にいってもさまざまで、食事や介護がついているものもあれば、自由に通常の生活が送れる施設もあります。**自立型か介護型か、公的施設か民間施設か、要支援、要介護のレベル、経済的負担などを鑑みて、検討**しましょ

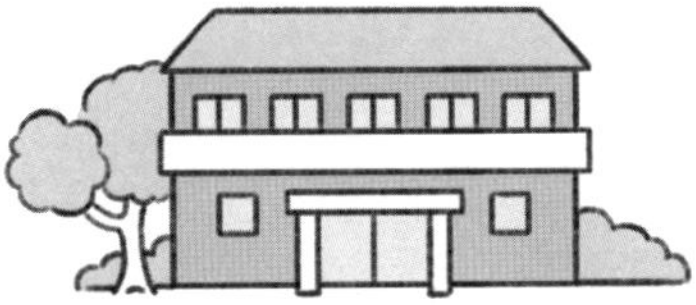

図表5-2　さまざまな高齢者施設

公的施設	主に 要介護者向け	特別養護老人ホーム	要介護3以上の方が対象。介護や生活支援が受けられる。 安価なため待機者が多く、入居待ちを強いられることが多い。
		介護老人保健施設	要介護1以上の方が対象だが、自宅へ戻るためのリハビリを行う施設なので、原則3カ月程度の入所となる。
		介護療養型医療施設	要介護1以上で、常に医療対応が必要な方が対象。 将来的には廃止の方向で、施設数は減少傾向。
		軽費老人ホーム （ケアハウス）	身の周りのことは自分でできるが、身寄りがないなど自立した生活に不安がある方が対象（一般型は60歳以上、介護型は原則65歳以上で要介護度1以上）。
民間施設	主に 要介護者向け	介護付き 有料老人ホーム	基本的には要介護状態の方を対象とした施設。 生活支援と介護が提供され、介護度に合わせた介護費用を負担する。
		住宅型 有料老人ホーム	介護付き有料老人ホームと同様ながら、介護は外部サービスからの選択制で、利用した分を精算する。
		グループホーム	認知症と診断された要支援2以上の人が対象。 少人数の家庭的な雰囲気で共同生活をしながら介護を受ける。
	主に 自立している人向け	サービス付き 高齢者住宅	高齢者に適したバリアフリーの賃貸住宅で、安否確認と生活相談のサービスが受けられる。食事や介護は別途契約が原則。 近年急増している。
		シニア向け 分譲マンション	主に富裕層を対象としたバリアフリーの分譲マンション。 家事支援サービスの他に温泉やプールがついている場合が多い。 売却や相続も可能。 介護については外部サービスと契約する。

う。

◆退去要件なども確認しておこう

基本的には、介護度や医療対応が可能かどうかと、施設やサービスの充実度と費用を参照して選ぶことになりますが、気をつけておきたいのは**退去要件**です。

施設では対応できない病気や重度の認知症になったり、費用が払えなくなった際には、退去を迫られる場合もありますので、**どの程度の状態になったら退去しなければいけないのか、費用は将来にわたって支払っていけるのか**、入所前に確認しておくことが必要です。

また、**施設の雰囲気になじめるかどうか**も大切なポイントです。

健康なうちから介護度の高い入居者が多い施設に入所してしまい、気力が減退してしまったというケースもよく見聞きします。毎日を過ごす場所だからこそ、直接見学に行って、自分に合う施設をじっくりと選びたいものです。

まとめ

- 自宅派が多いものの、介護度が高くなると施設のほうが対応しやすい
- 自立型か介護型か、公的か民間かなど、さまざまなタイプの施設があるので、元気なうちに見学してみる
- 退去要件については、必ず事前に確認しておく

第6章

おふたりさまの終活。葬儀・お墓についても考えておこう

――「誰が供養してくれる?」という問題も考えておく

医療や葬儀、お墓についての希望を整理する

早めの終活をはじめておこう

Q60 手元にあるエンディングノート、なかなか書けないのですが……。

A 最初から、すべてを書き切ろうと思わないことが大切です。

「終活」という言葉が浸透し、だんだん広まってきた**エンディングノート**。その存在は知っていても、実際に書いている人は多くないようです。

エンディングノートに記載する内容例

- 財産や保険に関する情報
- 家族（周囲の人）への思いやメッセージ
- これまでの人生の総括
- 医療や介護についての希望
- 葬儀やお墓に関する希望
- 連絡先リスト
- ＩＤやパスワード
- 遺言・相続についての希望（法的な効力はない）　など

このように、エンディングノートに記載すべき内容は多岐に渡ります。そのため、重い腰が上がらない人が多いようです。

◆書きやすい部分だけでも書いてみる

記載内容は「財産や保険に関する情報」のように、すでにわかっていることを単に書き写していけばよい箇所と、家族への思いやこれからの希望など、時間のあるときにじっくり書いていく箇所が混在しています。

すべてを完璧に書こうと構えずに「まずは書けるところから書いて、変更があったら書き直そう」くらいの気持ちで書きはじめるといいでしょう。

実際に手を動かして書いてみることで、自分の考えが整理されるとともに、これからの生き方がイメージできるという効能もありそうです。エンディングノートを上手に活用すれば、これまでの人生を棚卸ししつつ、人生の後半をよりよく生きるための羅針盤になってくれると思います。

◆遺言書ではないことに注意

気をつけておきたい点は、**相続などに関する希望をエンディングノートに書き記したとしても、法的な効力がない**ことです。

法的に有効な遺言書は、第2章で触れたように法律の規定に基づいて記載されている必要があるため、相続に関する希望を残しておきたいのであれば、遺言書を活用したほうが確実です。

Q61 延命治療をしてまで長生きしたくないのですが……。

A その意思を、しっかりと伝えておくことが大切です。

治療を続けても治る見込みがない場合、人工呼吸器や胃ろうによる延命措置を望まないという高齢者は、９割を超えているそうです（内閣府「平成29年版高齢社会白書」）。

◆いざというときに、自分の意思を伝えられない可能性がある

この問題のやっかいな点は、延命治療を望まないという**意思表示が必要な場面で、自分がその意思を示すことができるかどうかがわからない**ことです。

意識がもうろうとして、会話などによる意思の疎通が困難な状態にあることも、十分に想定しておかなければなりません。家族（配偶者）に決めてもらうといっても、生命の選択を誰かに委ねることは、重い十字架を背負わせてしまうことにもなります。

延命措置をしないという選択は、本人の生前の意思を示しておくことが望ましいとい

えます。おふたりさまの場合、いざというときにお互いを頼ることができないケースも想定しておかなければなりません。

◆頼りになるのは、やはり公正証書

では、延命治療は行わないという意思は、どのように示したらよいでしょうか。

医療の現場で、医師が延命治療を行わないという判断を下すためには、本人が延命治療を望んでいなかったという証拠が必要です。

その助けになるのが、**「尊厳死宣言公正証書」**です。

第2章で公正証書によって作成する遺言書について触れましたが、尊厳死宣言に関する公正証書も、法律のプロである公証人が作成した極めて執行力の強い法的文書です。

この尊厳死宣言公正証書があれば、本人との意思疎通がかなわない状況にあっても、医師が延命措置を行わないという判断を下しやすくなります。

尊厳死宣言公正証書には、主に次のような内容を盛り込みます。

尊厳死宣言公正証書の内容

- 病状が不治であり、死期が迫っている際には、延命治療を拒否すること
- 尊厳死は本人の希望によるものであり、医師を含めた医療従事者に刑事上・民事上の責任を問わないこと
- 苦痛の緩和に関する処置は望むこと
- 精神が健全な状態の際に本人が撤回しない限りは、この宣言は有効であること

具体的には、自分が意思表示できない場合の医療行為について、図表6-1のような個別の判断について書き残しておくことが一般的です。

尊厳死宣言公正証書を作成していたとしても、終末期において**本人がその意思を示すことができる間は、医師をはじめとする医療関係者との間で、十分な話し合いを行うこと**が重要です。

なお、尊厳死宣言公正証書は、遺言公正証書と同様、本人が立ち会うことができない場面で使われるものです。そこで、遺言書の遺言執行者のように、尊厳死宣言公正証書

図表6–1　自分が意思表示できない場合の医療行為の例

呼吸状態が悪くなったときは、気管切開、気管内挿管、人工呼吸器の装着を	希望する・しない
血圧が低下したときは、昇圧剤の投与、輸血を	希望する・しない
心臓が止まったときは、心臓マッサージ、電気ショックを	希望する・しない
食事が入らないときは、中心静脈栄養、経鼻経管栄養、胃ろう・腸ろうの造設を	希望する・しない
尿が出ない・少ないときは、利尿剤の投与、カテーテル留置を	希望する・しない
緩和ケアにより痛みと苦痛を取り除くことを	希望する・しない
痛みを最小限にする方法として麻薬の使用を	希望する・しない
延命のための点滴を	希望する・しない
最期を迎える際には、親族の付き添いを	希望する・しない

の内容を医師に伝えてくれる立場の人を決めておくことが必要です。

おふたりさまの場合、同年代である配偶者がその役割を務められない場合も想定して、誰にその役割をお願いするかまで考えておくと安心です。

まとめ

- エンディングノートは、書きやすい部分から書きはじめておき、都度修正してもよい
- 延命治療を望まない場合は、事前の意思表示が重要（法的な効力をもつ尊厳死宣言公正証書なら安心）

簡素化が進む葬儀だが、自分の場合はどうする？

自分の葬儀について考えておく

Q 62

葬儀は誰も呼ばないでおこうかと思っていますが、構いませんか？

A

誰も呼ばない葬儀も可能ですが、最後のお別れをしたい人がいるかもしれません。

近年、**葬儀の小規模化、簡素化**が進み、コロナ禍がそれに拍車をかけました。相続・供養などの情報を扱っている鎌倉新書の「お葬式に関する全国調査（2022年）」（図表6-2）では、家族・親族だけでなく、知人や地域の人、職場関係者なども集まる「一般葬」が25・9％まで減少したのに対して、親族や近親者のみを対象とした

図表6-2　行った葬儀の種類

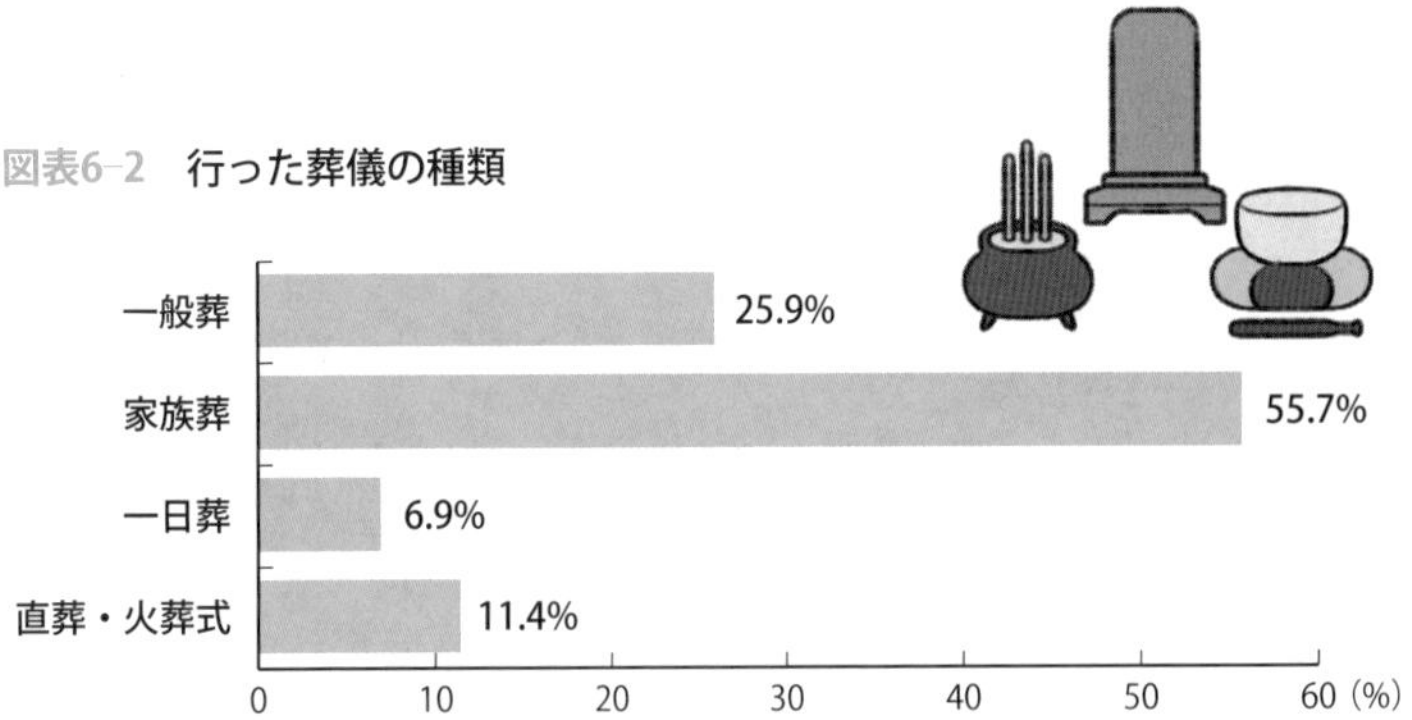

一般葬：通夜、葬儀・告別式のお葬式で、参列者は家族・親族のほか、知人、地域の人、職場の人など幅広く集まるお葬式
家族葬：通夜、葬儀・告別式のお葬式で、参列者は親族や近親者のみ
一日葬：通夜がなく、告別式のみ、1日のお葬式
直葬・火葬式：宗教儀式のない、火葬のみのお別れ

注：過去2年以内に喪主等を経験した全国の40歳以上の男女を対象に2022（令和4）年3月に実施したアンケート調査
出所：鎌倉新書「第5回お葬式に関する全国調査」（2022年）

「家族葬」が半数以上、さらに簡素化された「一日葬」や「直葬」といった形態のお葬式も登場しています。

ちなみに、「一日葬」は通夜なしで告別式のみを行うもので、「直葬」は通夜も告別式も行わず、火葬にするものです。

葬儀の小規模化・簡素化の流れは今後も続いていくでしょうから、ひと昔前のように多くの人が参列するスタイルの葬儀は減っていくでしょう。

質問にストレートに答えるならば、**家族以外に訃報を伝えないことで、身内だけの「家族葬」は可能**でしょう。あるいは**通夜や葬儀を行わず、火葬のみを行う「直葬」**にする選択肢もあります。

◆故人と縁のあった人々のための儀式でもある

ただし、葬儀というのは故人のためだけでなく、近しい間柄の人が喪失を受け入れる意味合い、所縁のあった人々がお別れを告げる社会的な意味合いがあります。

故人と親しい間柄にあった人にとっては、葬儀という儀式を通じて、**故人との思い出や喪失感などの気持ちを共有することで、死を受容していくという大切なプロセス**でもあります。

そういった視点からも、どんな形で葬儀を行うのがベストなのかを考えてみましょう。

Q63 自分や配偶者が亡くなったら家族葬にしたいと思っていますが、後悔はしないでしょうか？

A 親しい人たちでゆっくり見送れますが、注意しておきたい点もあります。

前項で見たように、今や葬儀の半数程度が家族葬となりました。

家族葬といっても、参列者が家族でなければならないわけではなく、**家族や親族だけ**

でなく、親しい友人・知人などが参列する場合もあります。

20～30名程度の規模で行われることが多く、親しい人のみで故人をゆっくりと見送るのが人気の理由のようです。

また、親戚付き合いや近所付き合いの希薄化、故人の高齢化によって関わりのあった人がすでに亡くなっていたり、高齢で参列できなくなっていたりという理由もあります。

最近では、小規模な家族葬向けに特化した葬儀場も増えており、遺族が故人との最後の時間をくつろいで過ごせるように配慮した建物となっている場合もあるようです。

◆家族葬のリアルと注意点

葬儀費用についても、祭壇や斎場の規模が小さくなるため、一般葬と比べて費用を抑えられます（宗教者に対するお布施などは一般葬と同様にかかります）。

とはいえ、葬儀費用そのものは抑えられても、**家族葬は参列者が少ないため、香典も少なくなります**。葬儀費用を参列者からの香典でまかなうと考えた場合、施主側の負担としては一般葬のほうがじつは持ち出しが少なかったというケースもあります。

もう一点、考えておくべきなのが、葬儀後の対応です。

葬儀後に故人の死を知った親族や知人などが、**「葬儀に呼ばれなかった」として不満を感じるケースや、「故人に線香をあげさせてほしい」と自宅に弔問客がくるケース**もあります。これらは葬儀後の対応になるので、「これなら普通の一般葬をしておけばよかった」と後悔する方もいます。

また、故人とゆっくり向き合うために家族葬を選んだのに、実際はあまり時間の余裕がなく、葬儀後に「本当に家族葬でよかったのか」と自問自答する方もいるようです。

葬儀はやり直すことのできない儀式です。一般葬と家族葬の特徴をよく理解して、後悔のない選択をしましょう。

まとめ

◎葬儀は小規模化、簡素化が進む傾向があるが、葬儀には「故人の死を受け入れる」という意味もある

◎親しい家族や親族、友人のみが参列する家族葬は、故人との最後の時間をゆっくりと過ごしたい人に人気

◎故人に知人が多い場合などは、一般葬にしておいたほうが葬儀後の対応が楽な場合もある

供養してくれる人、継承してくれる人がいない場合のお墓

おふたりさまのお墓、どうすればいい？

Q 64

お墓ってよくわからないんですが、どんな種類がありますか？

A 十人十墓と言えるほど、お墓も多様化しています。

◆法律のうえでは、お墓と納骨堂に大別される

まず、法律で規定されるお墓は、**「お墓」**と**「納骨堂」**です。

遺体もしくは焼骨（火葬後のお骨）を屋外の墳墓に埋葬するのがお墓、焼骨を屋内の施設に収蔵するものを納骨堂と規定しています。

◆墓地の種類は3つある

そして、大前提としてお墓は墓地にしか建てられません。

墓地の設置者は、次の3種類しか認められていません。民間企業などの営利法人では、墓地の経営に必要な公益性や永続性が担保されないというのがその理由です。

墓地の設置者

①市町村などの地方自治体（公営墓地）
②お寺などの宗教法人（寺院墓地）
③墓地を経営するための公益法人（宗教法人含む）による墓地（民間霊園）

①の公営墓地は、基本的に住民向けサービスとして墓地を提供しているので、利用料金が低廉なのが特長です。**申し込みにあたってはその自治体の住民であることや、埋葬する焼骨があることなどの条件**があります。また、都市部などでは希望者が多く、抽選が行われるケースや、そもそも利用者の募集をしていないケースもあります。

図表6–3　墓石のタイプ

和型
最も一般的な墓石。台石の上に塔状の石を建て、家名などを彫る。

洋型
台石の上に幅広の石を建てる、背の低いタイプの墓石。墓石の形や彫る文字の自由度が高い。

デザイン墓石
型にはまらない形の墓石。墓石の形をサッカーボールやピアノなど、故人が好きだったものにすることも。

②の寺院墓地は、基本的にはその寺院の信者（檀家）向けのものであり、**信者であることが墓地を申し込む条件**となっていることがほとんどです。

③の民間霊園は、〇〇霊園と銘打った民間の墓所霊園のことです。宗教法人が経営しているケースもありますが、2番目の寺院墓地との違いは、**特定の宗教宗派に限らずに利用者を受け付けること**です。

民間霊園は、民間事業者が提供しているだけに、利用者のニーズに合わせてさまざまなタイプのお墓を用意していたり、きめ細かなサービスを提供していたりするケースも多いようです。

この設置者による3種類の違いは納骨堂でも同様です。ただし、納骨堂の場合は公営のものはあまり数が多くなく、寺院の経営によるものが多いようです。

Q65 承継者のいないおふたりさまが入れるお墓って、ありますか?

A 永代管理付きの納骨堂や合葬墓など、承継の必要がないお墓があります。

従来型のお墓は、お墓の使用者が代々引き継がれていくことを想定しています。おふたりさまの場合、基本的には**お墓を引き継いでくれる子どもがいない**ということを前提にして、自分たちのお墓問題について考える必要があります。

●一人だけが入る「個人墓」

最近では、個人墓専用の区画を設けている民間霊園が増えてきています。個人墓の場合、**永代管理（227ページ参照）がセットになっているタイプ**が多いです。

図表6-4　新しいお墓のスタイル

個別タイプ
お墓と同じように使える永代管理墓。

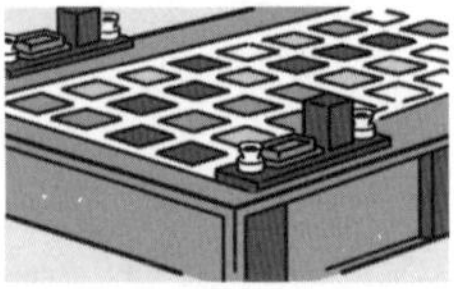

プレートタイプ
プレートの下に埋葬できる永代管理墓。

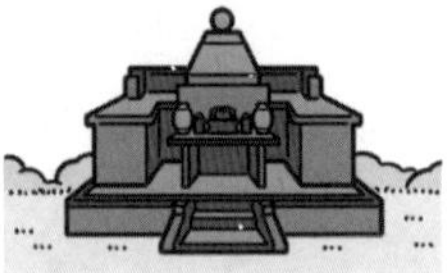

合葬墓（合祀墓）
他の人と一緒に合葬される永代管理墓。

●夫婦のみで入る「夫婦墓」

個人墓と同様、最近では民間霊園に夫婦のみのお墓の区画を設けているケースが増えています。こちらも永代管理がセットになっているタイプが多いです。

●管理が楽な納骨堂

都市部では永代管理付きの**「納骨堂」**を利用する場合もあるでしょう。

屋内に設けた納骨スペースがある納骨堂は、**比較的立地がよくお参りがしやすいものが多く、またお天気に左右されない**というメリットもあります。こちらも永代供養がセットになっているタイプが増えてきているようです。

●他の人たちと合同で入る「合葬墓」

共同墓、合祀《ごうし》墓、合同墓などとも呼ばれます。

合葬墓は、**共有の納骨スペースに不特定多数の方の遺骨**

図表6-5　いろいろな納骨堂

ロッカー式
扉つきのロッカーのような形式の納骨堂。

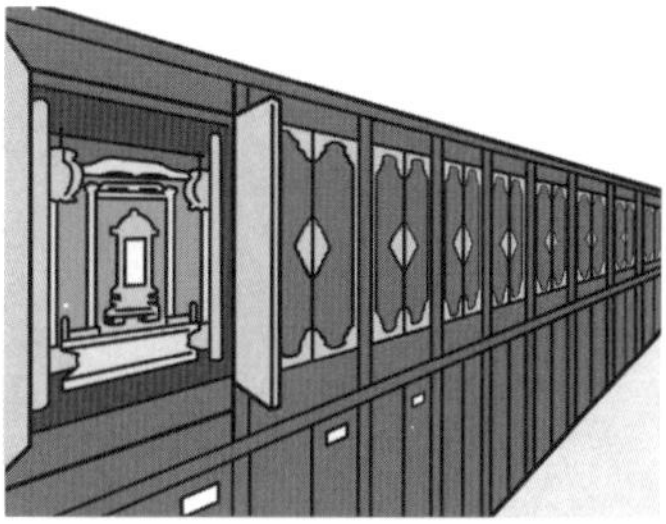

仏壇式
仏壇のような形で、仏壇の裏や下に納骨する。寺院の納骨堂に多い。

自動搬送式
ICカードをかざすなどの操作でバックヤードからお骨が搬送されお参りできる。都市部で増えている。

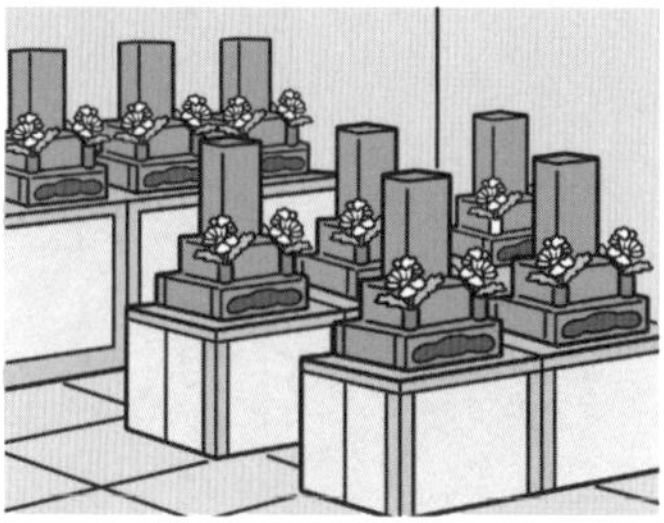

墓石式
一般のお墓のような墓石が屋内に建ち並ぶ。高額になる場合が多い。

と一緒に納骨されます。個別のスペースがあるお墓や納骨堂よりも、費用を抑えることができます。こちらも永代管理がセットになっています。

以前の共同墓は、身寄りのない人のお骨や、身元不明者のお骨などを納骨するためのものでしたが、近年では信仰をともにする人たちや、同じ理念をもつ協同組合の構成員のための共同墓、さらには老人ホームで設ける共同墓もできてきました。

お墓の承継者がいない人向けに、自治体が共同墓を設置する例も増えています。

これら承継の必要がない埋葬方法については、子どものいないおふたりさまやおひとりさまが増加し、そのニーズに応えるために登場してきたという背景があります。お墓の多様化は、今後も進んでいくでしょう。

おふたりさまにとっても、お墓の選択肢が広がったといえますが、都市部ではない地方ではまだまだ選択肢が限られている場合も多いようです。

おふたりさまの終活として、**元気なうちから自分たちに合ったお墓探し**をはじめておきましょう。

Q66

永代管理って、どういうことですか?

A **管理費を一括で支払うことで、永代にわたってお墓を供養・管理してもらえます。**

永代管理とは、墓地管理者が永代にわたって遺骨やお墓を管理してくれるサービスです。共同墓や納骨堂、公営墓地や民間霊園などは、永代供養が付いていることが多いでしょう。

◆費用は一括で支払い、一定期間管理してくれる

永代管理付きの場合、年間使用料などはかからず、**費用は契約時に一括で支払います。**ただし、管理してくれる期間は10年、20年、33年などと定められていることが多く、一定期間が経過すると、施設内の合同墓などに合葬されます。

永代管理墓は、墓地と墓石、さらに管理費も合わせた価格設定となっており、一般的なお墓と比べるとコンパクトではあるものの、費用を安く抑えられることと、永代にわ

たって管理の心配がない点が人気を集めています。

お墓のデザインも、よくある一般的なお墓から、コンパクトなもの、プレート型のものなど、さまざまなタイプが登場しています。

また、墓石ではなく、樹木や花をシンボルとする樹木葬もあります。

永代管理墓は、主に民間霊園が提供しており、その内容は霊園によって異なります。費用やロケーション、提供されるサービスや施設、園内の雰囲気などを吟味して、希望に近いものを選びましょう。

納骨後の管理は施設側に任せることになるため、安心して管理をお願いできる体制が整っているかについても、事前に確認しましょう。


ちなみに、永代管理と似たような言葉で、**「永代使用（権）」というものがあります。これは契約した墓地を永代にわたって使用できる権利のことです**。永代使用（権）には管理が含まれていないため、年間の管理費が別途かかることに注意が必要です。ただし、こうした用語は墓地の管理者がそれぞれ定めている場合が多いため、契約前にその内容を十分確認することが重要です。

Q67 死後、遺骨は海に撒いてほしいのですが……。

A 「散骨」といって、一定のルールを守れば海に還ることができます。

「遺骨は狭いお墓の中ではなく、広大な海に撒いて自然に還りたい」

「自然あふれる野山で永遠の眠りにつきたい」

こういった希望を叶えるのが、**散骨**です。

散骨とは、**遺骨をパウダー状に粉骨してから、海や山林に撒くという方法**です。

じつは、法律では「遺骨を捨ててはいけない」とされています。

しかし、「葬送のための祭祀で節度をもって行われる限り違法ではない」との法解釈が示され、一般に定着しつつあります。ただし具体的な範囲がないため、散骨を行っている民間業者が一定のガイドラインを定めて行っています。

図表6-6　手元供養のいろいろ

遺骨ペンダント
内部が中空になっているペンダントなどのアクセサリーに、遺骨の一部を納めて身につける。

ミニ骨壺
手のひらサイズの小さな骨壺に、遺骨の一部を納める。

遺骨ダイヤモンド
遺骨からダイヤモンドを合成し、そのダイヤモンドを使ってアクセサリーなどに加工する。

散骨に関するガイドラインの一例

- そのままの状態ではなく、粉骨してパウダー状にしてから散骨を行う
- 地域住民や周辺の土地利用者、漁業者などの利益や宗教感情を害さない配慮を行う
- 特定の場所や海岸から一定の距離を取った場所で行う
- 自然環境に悪影響を及ぼさない配慮を行う

このように「法に触れないからといって、勝手に散骨していい」というわけではありません。自治体によっては条例で散骨を禁止している場合もありま

すので、専門業者などに相談してみるとよいでしょう。

また、散骨を選んだ場合、お墓のような故人を表す象徴的なものがないため、手を合わせる対象がなく喪失感に見舞われる近親者も案外多いといわれています。

そのため、遺族は遺骨の一部を手元に残しておく**手元供養**と併用するケースも多いようです。手元供養では、小さな骨壺やアクセサリーにしてお骨を納めます。

手元供養の需要は増えていて、著者が経営している会社では、故人の喉仏(形が仏様のように見えることから遺骨の中でもとくに大切にされる)を納められるオリジナルのミニ骨壺を制作しています。

Q68 「墓じまい」って、何から手をつけたらよいのでしょうか?

A お墓の名義の確認、改装先の選定、宗教者の手配など、やることがたくさんあります。

少子化が進み、お墓を承継してくれる人がいない場合や、高齢となって地方にあるお墓をそろそろ整理しようと考える人が増えてきたことから、最近は「**墓じまい**」という言葉を耳にすることも多くなりました。

現在あるお墓を解体・撤去し、墓地を更地にすることを**「墓じまい」**と呼びます。

では、墓じまいの具体的な方法や注意点を紹介しましょう。

◆墓じまいに必要な準備と手順

墓じまいでは、**今あるお墓を解体撤去すること**と、そこに**納骨されていたお骨を別の施設に移すこと**（**「改葬」**と呼びます）の2つを同時に行います。

①名義の確認・変更
まず、お墓の使用者（名義）を確認します。

古いお墓の場合、この墓地使用者の名義がしばらく変更されずに故人のままとなっているケースが多いです。故人の名義のままでは各種の申請を行うことができないので、墓地の名義を自分なり別の親戚なり、生きている人の名前に変える必要があります。

これを**墓地の承継手続き**と呼びますが、墓地の管理者によって、届出のみで済む場合もあれば、これまでの使用者とこれからの使用者の関係性を証明するために戸籍謄本などの証拠書類の提出を求められる場合まであります。

②墓地の返還とお墓の解体工事に関する手続き

墓地の管理者によって必要な手続きは異なりますが、多くの場合、次の届出が必要です。

- ●墓地の返還に関する届出（墓地返還届など）
- ●お墓の解体に関する届出（墓地工事施工届など）
- ●お骨の移動に関する届出（改葬許可申請）

ここで注意が必要なのは、これまでお墓に入っていたお骨をどこに移すか決めないと、改葬許可申請という手続きを行えない点です。わかりやすくいえば、**お骨の引っ越し先を事前に決める必要がある**のです。

なので、古いお墓の墓じまいと並行して、**新しいお墓なり、合葬墓なりといった改葬先を見つけて、事前に申し込みを済ませておく**必要があります。

③石材業者への依頼

続いて、解体工事を依頼する石材業者を探しておく必要があります。

お墓のある地方を離れて久しい場合、土地勘のないところで石材業者を探さなければならず、一苦労するケースもあります。

①～③の墓じまいの手続きに関しては、石材業者が相談に乗ってくれる場合もあります。また、改葬手続きを得意とする行政書士に委任する方法もあります。

ちなみに、著者は石材業者と行政書士の二足の草鞋《わらじ》を履いていますので、改葬手続きに関しては得意だと自負しています（笑）。

◆遺骨を取り出す前に行う「閉眼供養」

さらに、墓じまいにともなう**「閉眼供養」**（魂抜きともいいます）を行う際には、僧侶の手配をする必要があります。これは墓から遺骨を取り出す前に行います。

お付き合いのある寺院がある場合は依頼先がはっきりしていますが、お墓のある地方を離れて久しい場合には、どこの寺院に依頼すればよいのかわからない場合もあります。

わからない場合は、**石材業者などに相談**してもよいでしょう。

このような事前準備を経て、閉眼供養を行った後に石材業者にお墓を解体してもらい、お骨を改葬先の施設に納骨して、墓じまいは無事に完了となります。

お墓の解体に立ち会う場合は、改葬先への移動も行うことになるため、日程に余裕をもたせた検討が必要です。

◆親族への連絡も忘れずに

墓じまいの注意点として、**親族への相談**があります。

先祖代々受け継がれてきたお墓の場合、多くの親族にとっても、自分たちのご先祖さまが納骨されているお墓だといえます。

「お墓参りにいったら、知らないうちにご先祖さまのお墓がなくなっていた」というようなことにならないように、事前に墓じまいの意向を伝えておくことが、トラブル防止につながります。

墓じまいには、事前の準備やさまざまな関係者との調整が欠かせません。思った以上にやらなければいけないことが多いので、じっくりと腰を据えて取りかかることをおすすめします。

まとめ

- おふたりさまにおすすめなのは、承継不問のお墓
- 永代管理付きのお墓であれば、費用を一括で支払ってお墓を管理してもらえる
- 海や山に遺骨を撒く、散骨という方法もある（ルールを守ること）
- 実家などの墓じまいは、手続きがかなり煩雑でやることも多い。じっくり取りかかろう

おわりに

これから老後の準備に向き合うすべてのおふたりさまへ

本書では、相続と遺言、身元保証人・認知症対策、老後の暮らし、葬儀とお墓と、おふたりさまにぜひ知っておいてほしいことをQ&A形式でまとめました。

◆事前に備えるからこそ、いざというときに最善の策がとれる

お伝えしてきた具体的な知識や方法のほとんどは、**ご本人が事前に対策を施すからこそ、有効に活用できる**ものばかりです。

事後の対応より、事前の準備。

あらゆる分野で応用の利く格言かもしれませんが、とくに終活の分野では肝に銘じたい言葉です。

相続に関しては、事前に対策をしておかない限り、基本的に法で定められた相続人による遺産分割の話し合いを経て、相続手続きを行うより他はありません。

また、遺言書のような相続対策を行うことができるのは、ご本人に判断力があるうちだということも見てきました。とくに**おふたりさまの場合は、遺言書がないことによる弊害が大きい**ため、ぜひ事前の対策について考えていただきたいと思います。

資産の管理についても同様に、**判断力の有無が鍵**となります。

私の事務所にご相談にお越しになるご家族の中にも、すでにご本人には判断力が残っておらず、結局有効な手立てが打てないケースがあります。

もう少し早くお話を伺っていればと内心忸怩《じくじ》たる思いですが、こうなるとご本人の状況の推移を見守ることしかできないのが現実です。

また、**家財整理**などは気力・体力がある年代のうちに行わないとだんだん難しくなってしまうという点も、知っておいていただきたいポイントです。

老後の生活支援や介護などは、必要になってから検討を始めても十分間に合うサービスではありますが、そもそも**どんなときに、どんなサービスを利用できるのかを知らない**方が多く、本人にもう少し知識があれば、こんなに生活が荒れることもなかったと感じるケースによく出会うことも事実です。

ご供養やお墓に関して事前に備えることの大きなメリットは「バタバタ慌てなくてもよい」ことです。

葬儀に際しては、時間の限られた中で決めなくてはならないことが多くあるため、生**前からある程度準備をしておくことで、残された方の負担を軽減できる**のは言うまでもありません。

また、**人が一人亡くなると、予想以上にさまざまなことに対応しなくてはなりません。**

そんな中で多様な選択肢の中から納骨先を探すというのは、予想以上に労力を要するものです。

お墓を承継してくれる子どもがいないおふたりさまの場合は、**自分たちの意思で納骨先を決めておく必要がある**といえるでしょう。

終活という言葉が世の中に広まってから、すでにしばらく経ちましたが、その知名度の割には**終活を実際に行っている人の割合はあまり多くない**というのが、普段からご相談を受けている私の印象です。

事後に対応する方法が皆無とは言いませんが、**準備を怠ると打てる手も限られますし、労力の割に効果がないことも多い**です。

おふたりさまの場合は、一緒に歳をとり、お互いに高齢者となっていくわけですから、なおさら事前の準備が重要です。

◆一度しかない人生を味わいつくすために

終活とは、**これまでの人生を棚卸しして、これからの人生を心豊かに過ごすためのものの**です。

老後の生活に漠然とした不安を抱えながら、結局のところは具体的な対策を打たないまま、日々を過ごしている方がまだまだ多いように感じます。

しかし、ちょっとした学びと行動に踏み出すだけで、不安を解消し、日々をもっと楽しみながら過ごすことができるはずです。

自分の人生は、自分で舵取りをしていくより他はありません。自分自身のプロデューサーになったつもりで、自分の人生をプロデュースしてほしいと思います。

高齢化が進む日本で、そうやって人生をエンジョイする方が増えれば増えるほど、社会全体が元気になっていくと私は信じています。

本書は、終活が必要なのに意外にそのことが知られていないおふたりさまに向けたものですが、おひとりさま、また子どものいるご夫婦にも役立つ知識と考え方を盛り込みました。

この本を読んでくださった後は、実際の行動に移す番です。

ぜひ、あなたらしい終活をして、あなたらしい人生を味わいつくしてください。

本書がすべてのおふたりさまにとって、いつまでも仲よく、悔いのない人生を送るための一助となれば、うれしく思います。

謝辞

小さなころから本が好きな子どもでした。

小学生のときは、学校の図書室に並んでいた好きなジャンルの本はすべて読んでしまうくらい、いつも本ばかり読んでいました。

大人になっても本好きは変わらず、いま住んでいる中古住宅に引っ越してきたときも、一番はじめにやったことは自分の書斎の確保と、本を並べる本棚づくりでした。引っ越し業者の方が、あまりの本の多さに音を上げていたのを記憶しています（ちなみに、本棚は書籍を参考に自分でＤＩＹしました）。

また、地元の若手経営者や同じく若手の議員さんに声をかけて、仲間うちで読書会を開催していたこともあります。

そんな本好きな私ですから、以前より「いつか、自分の本を出してみたいな」という漠然とした思いをもっていました。

それを具体的な目標へと変えてくれたのが、たまたまFacebookで知った「ブックオリティ」という出版ゼミとの出会いでした。

そこで、『人生がときめく片づけの魔法』を世に送り出した編集者であり、出版ゼミ学長の高橋朋宏さんとディレクターの平城好誠さんに、著者として一冊の本と向き合う際に必要な根っこの部分について教えていただきました。

また、同じように本を出して世に問いたいという志をもって集まった同期生たちとの出会いも貴重な財産となりました。ともに切磋琢磨した日々、そして互いがライバルでありつつも皆の成功を祈り合ったプレゼン大会は忘れがたい思い出です。


ブックオリティで練り上げた企画を具体的に一冊の本へと結実させていく過程では、東洋経済新報社の中里有吾さん、田中順子さん、そしてライターの山崎潤子さんに大変お世話になりました。自分の書いた文章が本というひとつの「商品」に生まれ変わっていく過程を知ることができました。

この本に書かれている内容は、これまで私がお仕事で遭遇したさまざまな事例がベースになっています。これまで支えていただいた数多くのお客さまがいてくれたからこそ、書くことができた本です。

仕事の合間をぬって執筆を進めてきましたが、経営者として忙しい日々を送る中でまとまった時間を捻出することはなかなか大変でした。

それでも、なんとか完成までこぎつけることができたのは、ともに働いてくれる会社のスタッフたちや、ほとんど家にいない父親を許容してくれている（?）家族の理解あっての賜物です。

いままで私に出会ってくれたすべての方に感謝しつつ、ペンをおきます。

２０２４年６月

松尾拓也

不動産　おおよその評価額を記入する。ローンがある場合はローン残高を引く。

種別	所在・番地	面積	名義人	評価額（ーローン残高）
				合計

保険（積立型の生命保険など）　現時点でのおおよその解約返戻金を記入する。

保険会社名	種別	解約返戻金	契約者	受取人
			合計	

その他の財産
（車、家財道具、美術品、貴金属など）　おおよその評価額を記入する。
ローンがある場合はローン残高を引く。

購入時の価格	名義	購入時の価格	評価額
			合計

負債　借金、ローンがあれば記入する。

借入金	名義人	負債額
		合計

特別付録　財産管理ノート

自分の財産を把握しておきましょう

「財産管理ノート」（Excelファイル版）を無料でダウンロードできます
https://str.toyokeizai.net/books/9784492047675/

年　月　日

現金

場所（金庫、財布、封筒など）	残高
	合計

預貯金

金融機関名	支店名	名義	口座番号	残高
				合計

有価証券（株式、投資信託、国債など）　現時点での評価額を記入する。

金融機関名	支店名	銘柄（証券コード）	名義人	評価額
				合計

【著者紹介】

松尾拓也（まつお　たくや）

行政書士、ファイナンシャル・プランナー、相続と供養に精通する終活の専門家。

行政書士松尾拓也事務所代表、有限会社三愛代表取締役。

1973年北海道生まれ。父親が創業した石材店で墓石の営業に従事する傍ら、相続や終活などの相談を受けることが増えたため、すでに取得していた行政書士資格を活かし、相続・遺言相談をメイン業務として行うようになる。

信条は、相談者からの困り事に「トータルで寄り添う」こと。家族信託や身元保証など「新しい終活対策」についても積極的に取り組み、ライフプランや資産管理などの相談に応えるためにファイナンシャル・プランナー、住み替えニーズなどの相談に応えるために宅地建物取引士の資格を取得。ほかにも家族信託専門士、相続診断士、終活カウンセラー、お墓ディレクター１級、墓地管理士など、終活にまつわるさまざまな資格を取得する。

経営する石材店では、おひとりさまやおふたりさまに好評な樹木葬や永代供養墓、ペットと一緒に入れるお墓など多様なニーズに応える墓苑を運営している。また、インテリアに合うモダンな仏壇の専門店も開設し、現代のライフスタイルに寄り添うご供養を提案している。

さらに地域ぐるみで終活に取り組む必要性にも着目し、他士業の専門家と連携した終活サポートチームを結成。終活セミナーなどの啓蒙活動に取り組むとともに、地域の行政に働きかけて独居高齢者の終活情報登録制度をスタートさせるなど、多方面で活動の場を広げている。

一人ひとりの「ライフエンディングシーン」（人生の終末期）で、最も頼りになるパートナーとなるべく、全方位視点で積極的な事業展開を行っている。

趣味は本と酒と旅、ちょっと古めのクルマとバイク、座右の銘は「遊ぶように仕事し、仕事するように遊ぶ」。普段から「サムシングエルス（何か別の価値）を提供する」ことを大切にしている。

「おふたりさまの老後」は準備が10割
元気なうちに読んでおきたい！　68の疑問と答え

2024年7月9日発行

著　者――松尾拓也
発行者――田北浩章
発行所――東洋経済新報社
〒103-8345　東京都中央区日本橋本石町 1-2-1
電話＝東洋経済コールセンター　03(6386)1040
https://toyokeizai.net/

装　丁…………金井久幸（TwoThree）
本文デザイン……藤　星夏（TwoThree）
イラスト…………梶浦ゆみこ
ＤＴＰ…………アイランドコレクション
編集協力………山﨑潤子
印　刷…………ベクトル印刷
製　本…………藤田製本
校　正…………加藤義廣／佐藤真由美
編集担当………中里有吾／田中順子
©2024 Matsuo Takuya　　Printed in Japan　ISBN 978-4-492-04767-5
本書のコピー、スキャン、デジタル化等の無断複製は、著作権法上での例外である私的利用を除き禁じられています。本書を代行業者等の第三者に依頼してコピー、スキャンやデジタル化することは、たとえ個人や家庭内での利用であっても一切認められておりません。
落丁・乱丁本はお取替えいたします。